汉字真有趣

汉字千秋

孙述庆———著

时代出版传媒股份有限公司
安徽文艺出版社

图书在版编目（CIP）数据

汉字千秋 / 孙述庆著. -- 合肥 ： 安徽文艺出版社，
2025. 1. -- ISBN 978-7-5396-8127-6

Ⅰ. H12-49

中国国家版本馆 CIP 数据核字第 2024EF7101 号

汉字千秋

HANZI QIAN QIU

出 版 人：姚 巍　　　　　　　　统　　筹：周　康

责任编辑：宋潇婧　张　磊　　　　封面设计：李　超

....

出版发行：安徽文艺出版社　www.awpub.com

地　　址：合肥市翡翠路 1118 号　　邮政编码：230071

营 销 部：(0551)63533889

印　　制：永清县晔盛亚胶印有限公司　(0316)6658662

....

开本：700×1000　1/16　印张：14　字数：150 千字

版次：2025 年 1 月第 1 版

印次：2025 年 1 月第 1 次印刷

定价：79. 80 元

....

写在前面

这是一套认真严谨的书,是一套内容丰富的书,是一套颇为实用的书,是一套很有趣味的书。可以说,它集知识性、思想性、工具性、趣味性于一身,多功能是它的显著特色。

出版这套书的本意,是普及中国字文化。普及,是本书的宗旨和灵魂。作者从浩繁的典籍中撷取了一个个有据可查的典故,一个个精彩纷呈的人文故事,每个故事都与文字相关,而其折射的却是中国几千年风云激荡的时代脉络。

这套书沿着中国历史的纵向,探究汉字所生发的种种文化课题,像一面镜子,折射和观照着中华民族的大文化。这样一种探究,可大体廓清传统文化的优点与弊端,为进一步继承优秀传统文化,发扬先进文化助力。只有民族的,才是世界的,只有让中国的优秀传统文化在普及中走出去,才能让世界真正了解中国。

本书作者是我国一位有一定影响力的科普作家、文化学者,他为科学文化普及事业贡献了毕生的精力。按作者所言,他在写作中阅读,在阅读中发现,从而进行更新的写作。企盼读者亦在阅读中有所发现,有所收获。

序

润物细无声

——爷爷著书我们写序

爷爷撰写的这套关于字文化的书，我们照例成了第一读者。

中华传统文化博大精深，积淀着中华民族最深厚的精神追求，值得每一个中国人学习和传承。正如爷爷所言："能利用自己这么多年所积累的知识，为普及中华字文化尽一点微薄之力，趁精力尚可，尽快写出这套书，既满足了社会的需要，也是我的心愿。"他认为"撰写高质量的文化普及读物，不是件容易的事，要有耐心和学识，才能做到深入浅出，更要有对社会负责任的精神"。爷爷为提高这套书的质量不遗余力，把它当学问来做。他谈及治学心得，强调最多的是"会通"两个字。他认为会通精神是中华文化的一大特色，应该把思想与文化会通起来，把理论与现实会通起来，把古代与现代会通起来，让优秀的文化传统得以传承、融会而贯通。

"汉字"是这套书的关键词，"说文解字"是其内核，如何运用汉字文化写出好文章,直至对"文字游戏"得心应手,都是书中的重要内容。这套书文字通俗简约,有话则长,无话则短,熔知识性、学术性、工具性、趣味性于一炉。爷爷以下里巴人之语,成阳春白雪之作,可以不夸张地说,这套书很精彩,令我们爱不释手。读完这套书,我们自然而然地认识到"汉字"确乎是中华文化的基因,确乎是中华文化的基石。这套书吸纳了我国传统文化的大量元素,"汉字"这根贯穿始终的红线,将大量的知识片断织成一个完整体系。读了这套书,就能在快乐中得到传统文化的滋养。

这是一套用心血写成的书。爷爷动手写这套书很有些时日了,他"退"而不"休",虽已过耄耋之年,但精神矍铄,多年如一日,除生病卧床,每天坚持写作,似乎忘记了疲倦。"岁岁重阳,今又重阳,战地黄花分外香。"他做事认真,处世低调,不喜饭局,心态积极,笔耕不辍,乐在其中。他为何能乐此不疲? 爷爷笑答:因为兴趣。他多年来早起晚睡,挑灯夜战,为了弄清一个典故、一个人文故事、一个历史事件、一首诗词、一副对联或者一则谜语,总是不厌其烦地多方查找资料。资料不详尽时就奔书店、跑图书馆。老人家的钻劲,实在令我们感动。

爷爷大半生从事文字工作,一生清贫,一生爱书如命,宁可省吃俭用也要买书,以"坐拥书城"为乐。因为阅读与治学的兴趣,又基于写作的需要,他藏书颇丰。他勤于偷闲读书,业余写作就是从阅读中起步的,他创作的科学普及、文化普及作品颇为丰富,我们总有幸第一时间阅读。我们从小受到爷爷的熏陶,所获学养如春雨一般,"随风潜入夜,润物细无声"。

历史上和现实中，"父文子序"的事并不鲜见，有的还成美谈。例如，《天雨流芳：中国艺术二十二讲》是一部很有品位的著作，作者是李霖灿老先生，该书的序言就是他的儿子李在忠先生所作。序中写道："虽因'父文子序'，有些许惶恐，但细想之后亦颇有'指穷于为薪，火传也，不知其尽也'之意，沛然于胸的反是一片孺慕之思，感言之怀。"透过李在忠先生的"孺慕之思"，儿子对父亲的感恩之情一览无遗。受此启发，我们不畏惶恐，也很想尝试"爷文孙序"的乐趣，薪火相传，以表达我们的"孺慕之思"，那就是孙辈对爷爷的仰慕之心、敬爱之情。

奕茗　娅雯　金异　柏楠

2020 年 10 月

引　子

——从"老外为何读不懂《红楼梦》"说起

近些年来,有人问:"老外(对外国朋友的亲昵称呼,如同中国人彼此称老张、老李一般)为何读不懂《红楼梦》?"对此虽没有权威专家给出确切的回答,但有识之士都心中有数。这是一个很有意思的话题,也是关乎中华文化走出去的大问题。

一

我们不禁要问:为什么要说"老外读不懂《红楼梦》",而不说读不懂其他的什么著作? 这表明了《红楼梦》的特殊性和代表性。清朝末年,京城文人学士及王公贵族中,流传这样一句话:"开谈不说《红楼梦》,读尽诗书也枉然。"这就是说,不管你读了多少诗文著作,如果没读过《红楼梦》,也等于白费工夫。把一本小说的意义和价值,置于整个汪洋浩瀚的古代诗文之上,这固然有些夸大,却有一定的道理。因为《红楼梦》是中国古代小说发展的最高峰,代表了我国古典文学的最高成就,被誉为中国封建社会后期社会生活的"百科全书",可以说是中华文化的精粹。

毛泽东曾在《论十大关系》中说:"(我国)工农业不发达,科学技术水平低,除了地大物博,人口众多,历史悠久以及在文学上有部《红楼梦》等等以外,很多地方不如人家,骄傲不起来。"(《毛泽东选集》第五卷)很显然,毛泽东对《红楼梦》的评价极高,言下之意,中国有部《红楼梦》在世界上都是值得骄傲的。《红楼梦》是极受毛泽东重视的中国古典文学作品之一,即使在战争年代,行军打仗,他也把《红楼梦》带在身边,可以说百读不厌。《红楼梦》问世200多年来,世人研究它的论文和著作可谓汗牛充栋,以至于成了一项专门的学问——"红学"。

《红楼梦》之所以备受古今读者青睐,关键在于曹雪芹以高超的艺术手法,从《水浒传》《三国演义》《西游记》那种为英雄豪杰、帝王将相、神鬼仙佛树碑立传的小说格局中突破出来,浓墨重彩地展现出一幕幕世俗的生活图景,勾勒的是一群"名不见经传"的"史外"人物。就是说,《红楼梦》广泛描绘了"康乾盛世"的社会生活,尖锐地批判了封建制度和封建观念。作者曹雪芹在第一回里,说明了全书创作的三条原则:一是力避"才子佳人书"的旧腔、俗套,力求内容和形式的"新颖别致",以"令世人焕新耳目";二是以虚构形式叙述石头的故事,但不愿读者认为这是一部虚构的作品;三是"大旨说情"的故事,但不是描写"淫邀艳约,私订偷盟"的陈旧套路,而是塑造人物性格,"叙述当日闺友闺情",并非"怨时骂世"。《红楼梦》正是依据这三条原则,用痴情和泪水写成的。其文本接地气、生草根,与民众同呼吸、共命运。书里写的是一个爱情悲剧,贾宝玉是精心塑造的中心人物,他同林黛玉志同道合,真诚相爱,遭到封建家长的反对,受哄骗而被迫与薛宝钗结婚,结果林黛玉悲痛而死,贾宝玉也出家当了和尚。作品的高明之处在于它不像以往的小说那样,将社会生活的复杂性和丰富性弃之不顾,只是单一地描写与中心人物相关联的中心事件,而是在写"宝黛"爱情纠葛的同时,写出了错综复杂、彼此牵连的各方面社会矛盾,从而真实、典型地反映了封建没落贵族的生活,由此折射出整个中国封建社会即将衰亡的历史命运。

所以说,《红楼梦》的与众不同之处,是在那个理想暗淡、政治腐败、拜金如狂、人欲横流、道德沦丧、寡廉鲜耻、人际疏离、炎凉成俗、背叛成风的人文环境里,作者以理想主义、浪漫情调、魔幻寓言的方略叙述故事,生动的情节折射出那个时代的丰富而具体的人际关系与相互倾轧,充满了焦虑,从生活原态里升华出哲思,吐露出"形而上"的痛苦。整部著作笼罩着浓重的悲剧情怀和浪漫色彩,人文世俗的韵味十足。正因为如此,作者十分担心此书难以得到世人的理解,所以曹雪芹在第一回里就吟有一首绝句,表露的就是这种心情。诗曰:

满纸荒唐言,一把辛酸泪。

都云作者痴,谁解其中味?

作者殷切期望读者能透过"满纸荒唐言",仔细品出书中的真谛。因为作品是写给读者看的,并通过读者实现其社会功能,古今作者都企盼读者能品尝到作品的真正滋味。

《红楼梦》超出一般历史学、社会学、伦理学、心理学的人性开掘,显示出作为长篇小说的独特美学价值。所以,无论男女老少、达官平民,还是学者、大师们,人见人爱。

《红楼梦》在外国人眼中,确实是"中国珍宝"。据报道,早在19世纪,《红楼梦》就传到了法国。法兰西文学界将它列为世界名著,每次出版发行都被一抢而空。法国国家科研中心研究员陈庆浩说:"《红楼梦》思想内容之深刻,包罗面之大,对法国人了解中国非常有益。"《红楼梦》中的许多创作方法独树一帜,语言更是妙笔生花,美不胜收。法国是一个很自由随意的国度,《红楼梦》如此早地就受到如此多的偏爱,真是值得骄傲。《红楼梦》在美国更受到读者追捧,因为《红楼梦》的观点与一些美国青年的价值观有相似之处。《红楼梦》作为一部书被外国读者如此研究,是绝无仅有的。纽约大学文学院教授唐德刚说:"《红楼梦》代表着东方文化的精华,我们文学院把它作为学院里的必修课,与莎士比亚的著作平起平坐。"在海外华人中,"开谈不说《红楼梦》,读尽诗书也枉然"的说法也很盛行。文学都有它的本土性,要读懂,必须首先了解其民族传统和文化特点,所以,海外很多人在不了解中国历史的情况下读《红楼梦》,很难真正读懂。

《红楼梦》对于外国读者而言,往往可望而不可即,主要原因就是中西文化的差异。改革开放以来,中国的国际地位日益提高,许多外国朋友热爱中国文化,积极地学习汉字和汉语。外国人尽管认识了许多汉字,也能逐字逐句地阅读像《红楼梦》这样的长篇小说,但它字里行间深藏着的中华传统文化,不是从汉字表面就能领略的。撇开诸多历史事件、神话传说不谈,仅就书中丰富的琴棋书画、诗词歌赋、谜语笑话、谐言俗语、对联酒令，乃至种种游戏娱乐、宝玉鉴赏，还有独特的医药处方、餐饮美食，等等，西方人一时是难以"入门"的。就说人际语言的表达方式，中西方也并非完全相同，例如"你好"这一词语，如今国人见面常用来彼此问候，过去人们见面还会用"吃了吗""哪儿去"相互打招呼。《红楼梦》里已用"你好"相问，第六回周瑞家的见了刘姥姥就说："刘姥姥，你好呀?"雍正皇帝的御批里也有"朕躬甚安……你好么"，都带有一个语气词，有问询的意思，这与欧美人纯粹的套语"hello"大不一样。

又如"打秋风"这一俗语，《红楼梦》第三十九回里说："忽见上回来打抽风的刘姥姥和板儿来了。"这里说的"打抽风"，也就是"打秋风"俗语的另一种说法，外国人肯定是莫名其妙的。有诸如此类的文化因素，外国人的阅读障碍可以想见。其实，像我们的"80后""90后"们，即使上了大学，也未必都能读懂《红楼梦》。道理是一样的，后生们当今的学习生态是趋向现代的，真正深刻懂得祖国传统文化者，不会太多。再说，传统概念里的工人、农民，因为文化的限制，更是难以读懂《红楼梦》。《红楼梦》确实伟大，但它不是街头巷尾茶馆里、山村打谷场上的"大鼓书"本子。

二

"老外读不懂《红楼梦》"，无疑是一种象征性的说法，换成别的类似著作也一样读不懂。这个问题的根本在于，外国读者只认识汉字、只会说汉语还是很不够的,他们不了解中国历史,更不懂中华文化。北京语言大学原校长崔希亮在全国重点大学中文发展论坛第十七次会议(合肥)上发言说:"如今,世界开始掀起'中国热'和'汉语热',例如我所知道的埃及大学,就有1800名学生选学中文专业。还有沙特,很多大学都希望开设中文系……但目前存在不少问题,好的中文教师缺乏。"崔希亮还说,"很多孔子学院老师只会说汉语,而对中国历史、中华文化是'一问三不知'。""只会说汉语,不代表具有中文的知识水平,中国的文史哲都要精通才行,在我们大学中文专业教学中,也应该将它们打通,不通则'痛'。"

学者们的研究表明,西方人还很不了解中国。曾任全国政协委员的汪国新先生在2016年"两会"期间这样说:

前不久我跟随国家领导人一起到日本、阿联酋、柬埔寨访问,对"一带一路"现状进行了了解。现在有一个问题,我国的文化精品走出国门还有很大的短板,我希望下一步能把传统文化走出去作为国策。自古以来,东南亚、东北亚都是大中华文化圈,现在(大中华文化圈)基本上是荡然无存了,所以我就有了危机感。要通过人家对我们文化艺术作品的热爱,进而热爱我们的国家。

著名学者王岳川先生曾做过调查,从1900到2000年这100年间,我国知识分子对英、法、德、意、西班牙、俄等6种文字的西方书,前赴后继地翻译了 10.68 万册。然而同时代我们中国被西方人翻译的书,只有 800 多套。原新闻出版总署也做过类似调查,结果中译西与西译中的比例是 100∶1。两者调查的数据基本吻合。就此,王岳川先生写了一篇《西方人很不了解中国》的短文,文章说:

> 我去了三十多个国家和地区的书店和图书馆,发现中国在海外的书主要是关于八卦、算命,还有一些看风水、烹调的等,给外国人的感觉就是中国没有经史子集,没有哲学,没有思想,也没有琴棋书画。我们曾经请过一个德国美学家来讲课,他发现中国的学生很了不起,他说起哈贝马斯很多人都了解,又说起康德、席勒、黑格尔、海德格尔,甚至贝多芬,大家都如数家珍。还有很多德语系的用德文在和他交谈。有个中国博士问这位教授:"您对鲁迅怎么看?"这位教授用清晰的语言问他旁边的翻译:"鲁迅是什么地方?"
>
> 中国人应该反思:为什么我们的"脊梁"都不被其他人认识,而我们却知道西方那么多东西?

我们确实应该反思,我们为什么不能像别人那样重视自己的文化传统,并花大力气把它介绍给世界?我们应该认识到,世界不了解中国,不能先怪人家,在很大程度上还是我们自己"走出去"的工作没有做好,为此做奉献的人实在太少了。由此,我不禁想起一位名叫熊式一的大学者,他生于 1902 年,是江西南昌人。

今人对他所知甚少，但他当年轰动海外，是极少数赢得国际影响的中国作家，陈寅恪曾写诗称赞"海外林熊各擅场"，"林"即林语堂，"熊"即熊式一。1931年，因洛克哈德爵士（曾在中国工作6年）喜欢中国文化，尤喜京剧，在其鼓励下，熊式一用了6周时间，将《红鬃烈马》改编成了英文喜剧，名为《王宝川》。考虑英文翻译的方便，不用"钏"而用了"川"。剧本英文名为 *Lady Precious Strea*。由于种种原因，在初演中为选女主角碰了许多钉子，据传熊以穿中国长袍的"威风"，终于留住了第5位女主角，从此熊在海外一直以长袍示人。《王宝川》的上演，引发了巨大的轰动，连演3年，计900多场，英国女王先后8次到场观看。该剧还被搬上荷兰、匈牙利等国舞台。1935年，《王宝川》在美国纽约亦取得巨大成功，连演100多场，总统罗斯福的夫人也前来看戏。遗憾的是，熊先生为中国文化赢得了国际荣誉，却失去了故乡。原来"墙外开花墙内挨骂"，熊在1936年短期回国时，曾遭一些人的围攻，理由是当时中国正处于水深火热的国难中，文艺应反映现实，不该翻译古戏。后来，张恨水也在一篇文章中指责《王宝川》是取悦外国观众，有损中国文化形象（服装、道具不规范）。胡适先生曾间接捎信劝熊式一"千万不要再写给英国人看了"，使他"真想从此停笔"。然而熊先生晚年在《八十回忆》中说，幸亏没有听胡适的话，否则便不会有后来风靡欧美的《天桥》等英文作品。遗憾的是，熊式一对世界宣扬中国传统文化的贡献，由于未能得到国人的理解，几乎中国所有现当代文学史都没提到过他的名字。

　　时代不同了，如今，让世界了解中国，也是实现中国梦的重要内容。发扬以熊式一为代表的学者的爱国精神,加强对中华传统文化的保护和传承,增进中外文化的交流,促进优秀文化典籍的外译,做好中华文化的普及工作,应是当务之急。

三

"老外读不懂《红楼梦》"的问题,还警示我们:我们弘扬民族文化,不仅是为了让国人认识中国传统文化的伟大,还要为了充实和丰富世界文化的宝库,为整个人类的文明增艳添彩。世界的文明史、人类的文化史早已证明,越是富于民族特点的文化,越具有世界性。世界是一个大家庭,它本身就是多元的,不同的民族,各异的文化,组成了这个五光十色的世界。所以说,世界的多元文化是由生活在这个星球上的不同国家、不同民族所创造的不同文化共同组合而成的。把自己民族文化的精华奉献给世界,这是缔造人类文明的需要,也是一个民族对整个世界具有责任心的体现。任何民族的文化都带有一定地域的特点和某种历史传统,这自然造成了它区别于其他民族文化的特点,同时也不可避免地带来一定的局限性。各种文化需要互相学习,互相借鉴,互相补充。人类的文明正是在这种互补中完善和发展的。

我们的中华文化,一点也不贫瘠,而是博大精深,只不过是像许多金子还被埋在泥土中,我们只有拂去尘埃方显其光芒和价值。从这个意义上说,"振兴中华"进而"实现中国梦",首先应"振兴中华文化",这是当代国人的神圣使命。文化是国家的软实力,当代国人应努力把中华文化介绍到全世界,让世界了解中国。中华文化是可以走向世界的,著名作家莫言先生于 2012 年荣获诺贝尔文学奖,就是一个极好的证明。

四

其实,读不懂《红楼梦》的也未必都是外国人,不少中国人,尤其是当今年轻一代由于"文理分科",只懂科技而不懂人文。

古今中外,许多杰出的自然科学家,不仅以其发明创造为人类科学文化事业增添异彩,而且也具有很高的文化修养,他们的著作也是"辞美理善"。我国宋代科学家沈括的《梦溪笔谈》,文字简练优美,富有文学特色。明代医药学家李时珍撰写的《本草纲目》,对许多药物的描述都绘形绘色,栩栩如生,既是珍贵的科学文献,又是优美的散文,使人读之不感到枯燥生涩。数学家王梓坤所写的《科学发现纵横谈》,将科学哲理与文艺描写熔于一炉,读之趣味横生。科普作家高士其,则直接以诗歌作为传播科学知识的形式,雅俗共赏,使人喜闻乐见。老一辈科学家,差不多都写得一手好诗词,在这方面苏步青、华罗庚等为世人所熟知。

上海书店出版社推出的新书《理工学人的诗与世》,写了 23 位文理兼擅的科学家,品吟了他们的诗词作品,博得广大读者"点赞"。耄耋之年的著名出版家钟叔河,致电该书作者章诗依先生,高度肯定这一独特题材的重要意义。厦大教授谢冰表示,这部书把中国现代史上能作旧诗的"理工学人",一个个搜罗出来,确有开创性。其中,欧阳翥是著名的脑神经学家,中科院院士唐稚松是中国计算机和软件工程研发的先驱和开拓者之一,胡先骕是国际驰名的植物学家,被毛泽东称为"中国生物学的老祖宗"。还有陈士骅、周太玄、杨钟健、梁希、彭桓武、翁文灏、钱宝琮等,他们大多留学欧美名校,归国后也都成为不同学科的奠基人。书中23位文理达人的唯一健在者是中科院院士、著名天文学家王绶琯。这个庞大的理工群体,都喜欢写作旧体诗词,且造诣之深,或许许多中文系的教授都望尘莫及。他们的诗词作品,表达了爱国爱学的情怀,言近旨远,放在源远流长的中国诗词传统中,也毫不逊色。

放眼海外,研制炸药的大师诺贝尔,既是科学家又是文学家,他曾创作诗歌《你说我是一个哑谜》、小说《兄弟与姐妹》、剧本《专利细菌》等作品,直到他临终前还在为一部悲剧《复仇女神》辛劳。诺奖获得者、中科院院士杨振宁教授,曾专门论述过科学与文学艺术是可以融合的课题。这些都说明,较高的文学修养能使科学家观察敏锐,思维严密,表达准确,从而使科研工作效率提高;而社科研习者,同样可以享受科学的逻辑与严谨之美。

"文学程度很低,而科学程度很高,怕是不可能的。"这句至理名言是法国毕约(曾任巴黎研究所所长)说的,意思是从事科研工作,如果"言之无文",势必"行而不远",力难从命。也就是说,人在科技上即便取得了成功,如果文化修养有限,也难以让它进一步发挥作用。英国科学家法拉第提出"光的电磁说",由于不善文字表达,写不出像样的文章,就一时不为世人所公认。所以说,科、文兼备才能行之高远。现代科学的发展趋势，必将是自然科学与人文科学不断走向交汇和融合。

鲁迅先生在《读书杂谈》里曾主张："学理科的，偏看看文学书；学文学的，偏看看科学书，看看别人在那里研究的，究竟是怎么一回事。这样子，对于别人、别事，可以有更深的了解。"上述理念乃本书撰写的初衷，笔者希望以此推动更多的读者把握人文科学知识。

可喜的是，2018年暑期，教育部有消息传来，为落实立德树人的根本任务，全国高考综合改革的试点省份，高中从2019年秋季起，分步实施新课程，使用新教材。其中就有针对高考文理不分科的改革。媒体报道，北京率先明确宣布从2020年起，高考就不再分文理科。

最后，有必要申明一点，本书只是借"老外为何读不懂《红楼梦》"这一话题，说明认真掌握中华文化首先是"字文化"的重要性，并非主张一定要"流行"《红楼梦》。因为《红楼梦》确乎是中国古代小说的顶峰，是中国古代经典文学的最高成就，是中华文化的精粹，封建社会的"百科全书"，普及、"流行"这样的名著，使之雅俗共赏，谈何容易！因为雅的东西尤其是作品的精神内核，欲赢得读者，需要时间慢慢地沉淀，潜移默化，包括专家的不断诠释，更要有读者本人的钻研。

第一章

汉字的来龙去脉

汉字从远古走来,一路变幻着身姿,通体闪烁着中华民族先祖的智慧灵光。汉字作为记录汉语的一种书面符号,是中华民族一大国粹,国之珍宝。汉字与汉语是一脉相承的整体,其魅力无与伦比。我们的祖先用汉字书写了无数的典籍,内容包罗万象,形式多姿多彩,比如"二十五史",浩浩然纵贯中华五千年。每个汉字,每条成语,都是一个生命、一个宇宙,它的神奇和奥妙,无论怎么形容都不会过分。正如陈辰先生题为《汉字》的诗所云:

　　　　最美的汉字

　　　　生长最美的童话和歌谣,

　　　　汉字,祖先耕种最肥沃的收成。

　　　　黄土的煎熬,时间的磨砺,

　　　　当我们继承勋章和国旗,

　　　　汉字的影像闪闪发光。

　　　　青铜的肤色,古树的外形,

　　　　汉字的根须遍及土地每个层面。

　　　　日日萌芽岁岁开花成熟,

　　　　当我们与你融贯,

你已并非一种文字。

……

文字正能量之大，正如《文字与书写：思想的符号》所言："文字的历史几乎就是人类的历史本身。"

第一节　汉字从何而来

汉字从哪里来？又向哪里去？这条历史长河的走向，汇成了浩浩荡荡奔流不息的中华文化。在中国古代，汉字原本不叫"汉字"，就叫"文字"。"汉字"这个名称是现代语言学在中国兴起后才有的，因为这个文字是记录汉语的，所以叫汉字。

何谓汉字

汉字的源头在哪里？它是怎样产生的？原始状态的文字是什么样子？这一直是个谜，在很长时期内人们并不十分清楚。汉字的"汉"，左边的偏旁三点水"氵"是形符，从古代的金文、小篆一直演变到楷书，它始终没有变化。很显然，汉字与水有着密切的关系。具体地说，这"汉"字与一条被称作"汉水"的河相关。汉水又称"汉江"，是长江重要的支流之一，发源于陕西省西南部，流经秦岭与汉中盆地，而后进入湖北，再汇入长江，全长 3000 多公里。早在战国时期，汉水流域分属秦、楚两国，人们通常所说的"汉中"指的就是这个地区。

早在2000多年前,有一个"楚汉相争"的历史时期,刘邦与项羽率领群雄灭了秦朝之后又互争天下。当时,项羽实力强大,号称西楚霸王,刘邦不是他的对手,只好接受项羽的分封,做了汉中地区的"汉中王"。最后,老谋深算的刘邦用"明修栈道,暗度陈仓"的计谋,一举击败项羽,登上了皇位。刘邦坐在皇帝宝座上,还深深怀念曾经苦心经营的汉中故地,感念汉水的滋养,于是将自己建立的新朝廷命名为"汉"。

刘邦建起的汉朝,实行中央集权统治,成为继秦朝之后中国历史上又一个空前强盛的封建王朝,经济发达,文化繁荣,政通人和,四海臣服,天下归心,对周边邻邦,对当朝乃至后世都产生了深远的影响。正是这个延续了400多年的汉朝,形成了中华民族源远流长的传统,大一统的国家观念从此深入人心。

正因为汉朝威震四方,当时与汉朝作战的匈奴人,就称汉军士兵为"汉子"。有意思的是,这"汉子"或许是因为象征汉军英勇善战吧,便逐渐演变成对一些豪勇男子的称呼。"汉子"再引申,又有了"好汉"的称呼,这是我国民间对优秀男子的一种高度评价与称赞。由于汉朝的深远影响力,汉代及其以后的朝代,一些边远地区的少数民族总习惯称呼中原民族为"汉人",这就是现代"汉族"名称的由来。由此,中华大地的许多事物都与"汉"有了紧紧的联系,乃至今天国际上还把研究中国文化的学问称为"汉学"。特别是汉字,就是在汉朝定型的,一直沿用至今。我们中国的语言文字被称作"汉语""汉字"也就在情理之中了。

汉字源远流长

考古专家一直不懈地努力,为探索汉字起源做出了一个又一个杰出的贡献。近几十年来,在出土的原始社会晚期陶器上陆续发现了许多刻画符号,考古学者认定,它们就是汉字的鼻祖。此前人们都认为,早在6000多年前仰韶文化时期陶器上所刻的符号,是先民探索和创造文字的信息。洛阳市文物工作队研究员蔡运章先生经过15年的艰苦努力,在揭开商周器物上的筮数易卦之谜后,又发现了距今七八千年的裴李岗文化,绝大多数器物及其上面的刻画符号、图形文字和单字,都是同一组卦的卦象,从而证明我国古文字早在距今7000多年的裴李岗文化晚期就已产生。然而郑州大学王蕴智等学者却认为,中国最早的刻画符号应出现在河南舞阳贾湖遗址,距今已有8000年的历史。专家认为,汉字体系的正式形成是在中原地区。汉字是独立起源的一种文字体系,经过多元的、长期的磨合,大概在进入夏代之际,先民们在广泛吸收、运用早期符号的经验基础上,创造性地发明了用来记录语言的文字系统。到了商代,汉字基本成熟。令人惊叹的是,距今3300多年的殷商甲骨文的出土,说明汉字发展到当时,不仅数量多,而且结构严密,造字方式已经形成了自己独有的特点和规律。

历史证明,汉字作为一种社会生命体,在几千年中,经历了"依类象形""形声相益"两个发展阶段。早期文字学家说:"我们看到人就画一个人,看到树就画一棵树,看到什么就画什么,这叫依类象形。然而在古人看来,象形文字是有限的,描绘的东西无形可象怎么办?于是古人又发明了一种方法,在象形的基础上,记录声音,这就叫形声相益。"这种特殊构造的汉字,从根本上没有中断过自己的生命,成为世界上历史悠久的文字之一,也是世界上现存的4000多种文字中使用时间最长且始终在延续发展的文字。这种现象在人类历史上是独一无二的。

字为声迹,文字是对语言的记录,文字是语言的延伸。汉字作为汉族语言的书写符号,其起源曾有多种说法。说到底,至今还是一个谜。不管是结绳记事,还是刻契记事,显然都与真正的汉字存在相当的距离。不过,我们的祖先有着丰富的想象力,就像将人类诞生归功于女娲一样,他们也将文字的诞生归功于远古的神灵,于是就有了"河图洛书"之类的传说。伏羲氏是远古统治者中"三皇"之一,据说他画八卦为书契图画之始。另外还有"仓颉造字"的传说。这些古老的传说都认为,汉字是由特殊人物创造的,具有神奇的力量,令天地畏惧,使鬼神哭泣。《淮南子》《荀子》《韩非子》《吕氏春秋》等古籍都这么说。

《淮南子·本经训》描述了仓颉造字的神圣情景:"昔者,仓颉作书,而天雨粟,鬼夜哭。"这说明,对于文字的创造,一开始就有着两种截然不同的态度:老天爷为之感动,便热情扶持,空降粮食以犒赏与资助;魑魅魍魉这类鬼怪则恐惧被"文字"这一神物暴露原形,惶惶然躲在黑夜里哭泣。这美丽的传说折射出祖先对本民族文字的珍爱、敬畏和期望。仓颉造字之壮举何其神圣!而荀子则认为,即使参与造字的人很多,也终究不能抹杀仓颉造字的特殊贡献。西晋卫恒《四体书势》记载："昔在黄帝，创制造物。有沮诵、仓颉者，始作书契以代结绳，盖睹鸟迹以兴思也。因而遂滋，则谓之字，有六义焉。"这类传说中讲黄帝的史官仓颉有四只眼睛，每日仰观日月星辰，俯察鸟兽山川，取形象而造字。但这些都是没有根据的传说，把造字这种伟大创造归结为某一个"巨人"灵机一现的作品，是不符合历史实际的。

汉字应该是汉民族的祖先在长期的生产实践中逐渐形成的。它的起源一直存在两说，一说起于"图画"，另一说起于"刻画"。它们都是有文化遗存作为见证的。文字的发明，在中国文明史上具有划时代的重要意义。笨拙的结绳记事时代因文字的出现而宣告结束，中华民族灿烂的文化遗产也因文字的出现得以继承和流传。

"图画"说与其遗存见证

汉字由图画逐渐演变而来的说法，是有据可依的。20世纪发现的几十处几千年前的文化遗址（山东的大汶口文化遗址等），出土的许多陶符图案和多处岩画（宁夏的大麦地岩画等），成了研究汉字起源最直接、最可靠的实物资料。这些远古图画是一种用简单线条、形象和色彩描绘客观事物的造型艺术，反映出古人在劳动中获得的认识、情感和思想。它既是劳动之余的艺术活动和享受，也是古人交流思想认识的一种手段，久而久之，便成了图画性质的"文字"。这类文字画自然成为汉字形成的基础。

可以这样说，许多具象和抽象的古陶符、古岩画，已经具备了古老文字的要素。鲁迅先生在《门外文谈》中说："有的在刀柄上刻一点图,有的在门户上画一些图,心心相印,口口相传,文字就多起来。"

"刻画"说与其遗存见证

1953 年,在西安东郊的半坡村发现一处距今 6000 多年的新石器时期的文化遗址,其中有一些绚丽多彩的陶器,上面刻画有生动而神秘的符号。由于"彩陶文化"首次在河南省渑池县仰韶村被发现,因此半坡遗址是属于新石器时代的仰韶文化。文字学家郭沫若和于省吾把这些原始符号看作汉字的肇始。郭沫若对甲骨文进行过深入的研究,他认为甲骨文从初创到成熟,起码要经历 1500 年以上。半坡遗址出土的陶符为他的这一观点提供了依据。他认为:"彩陶上的这些刻画符号,可以肯定地说,就是中国文字的起源,或者说是中国原始文字的孑遗。"于省吾也持有同样的观点。

半坡仰韶文化遗址出土的陶符

青海乐都柳湾出土的一批陶壶上画有许多符号,这是距今约 6000 年的遗物。有专家认为这就是原始的汉字,因为其中有不少符号同距今 3000 多年的甲骨文中的字很近似。但这些符号大都由几何图形构成,可能是一种花押或族徽之类的东西,虽与后世的文字相似,但还不是最早的汉字。它具有文字画的性质,自然对汉字的创造有一定的影响。

乐都柳湾出土的陶符

　　山东莒县陵阳河遗址出土的陶器上也发现四个象形符号。这陶器是距今 4000 多年的大汶口文化晚期的器物。这些符号同仰韶文化的符号风格显然不一样,第 1 个符号像古代兵器钺的形状;第 2 个符号像斤(一种斧子)形;第 3 个符号上面的"o"像日,下面的像火焰或云气,因此有学者释作"灵"(火光),也有学者释作"旦"(早晨);第 4 个符号下面是"山"形,可能是第 3 个符号的繁体,也可能是"灵""山"的合文。看来,它们都是用作族名的,已同语词有了联系,不再是非文字的图形,而应是汉字原始阶段的遗作。

陵阳河陶文 1

陵阳河陶文 2

陵阳河陶文 3

陵阳河陶文 4

双墩集遗址是在安徽境内发现的一处最早的新石器时代遗址,距今约 7300 年,遗址中发现了陶俑(头)、石器、蚌器、骨器以及大量刻画符号等珍贵文物。其发掘报告揭示:出土的 630 多件双墩刻画符号文物,内容相当广泛,可分为单体符号、复合符号和组合符号。特别是不少符号使用频率很高,具有明显的记事性质、表意功能和可解释性。这类符号在定远侯家寨遗址也有发现,这表明它们是一定地域氏族群落之间交流特定含义的记录。因此专家学者们认为,它们是中国文字的重要源头之一。

今人公认,我国商代甲骨文是距今 3000 多年的发展成熟的相当完美的文字体系。与甲骨文历史来源有关的还有另一说法,

双墩集遗址出土的陶符

就是认为中国文字不是由图画发展来的,而是由契刻发展而来。因为根据所见资料,河南舞阳贾湖文化遗址的甲骨契刻符号并非图画,亦非图画性质的东西。斗门镇花园村甲骨文并非象形图画,也不是象形文字。

两种观点的辩证

应当指出,文字最初是由象形图画还是简单刻画发展而成的,自古以来都是一个有争论的课题。从国内学术界来看,两种观点已相持了 2000 余年,其焦点在于古汉字究竟是由象形图画发展而来,还是由指事发展而来。分歧产生于汉代古文经学派。刻画,作为一种文字前书写形式是个普遍现象。在我国先秦、两汉以来的文献里,有着大量关于史前先民以刻画为书写记事手段的记载。这些记载可以作为汉字起源于刻画的支持材料。但考古学家郭沫若则支持东汉文字学家许慎(中国最早的一部古文字字典《说文解字》的作者)的说法,他认为"根据种种地下资料、现有民俗和文献参证起来看,中国文字的起源应当归纳为指事与象形两个系统，指事系统应当发生于象形系统之前。……以指事先于象形，许慎的看法是比较正确的"。

第二节　汉字的创造法则

我们探讨了汉字由图画而来的可能起源过程。可以肯定，最初的原始文字的数量是不可能多的。那么，后来如此庞大的汉字体系又是如何创造出来的呢？

关于大量构造汉字的方式，历史上有"六书"的说法。

"六书"理论

据说，先秦和汉代的学者们，从对周代以前古文字结构的分析中，推测并归纳出了祖先创造汉字的几种主要法则，就是所谓的"六书"——象形、指事、会意、形声、转注和假借。

"六书"这个名称，最早见于战国时期儒家学者编纂的《周礼》。《周礼·地官·保氏》中说到了"六书"，它是关于汉字的教学，不一定是后来的"六书"理论。到了汉代，班固在《汉书·艺文志》中说："古者八岁入小学，故周官保氏掌养国子，教之六书，谓象形、象事、象意、象声、转注、假借，造字之本也。"班固解说的"六书"，就已是六种造字的方法了。比班固稍后的许慎在《说文解字序》中更具体地做了解说："周礼：八岁入小学，保氏教国子，先以六书。一曰指事。指事者，视而可识，察而见意，'上''下'是也。二曰象形。象形者，画成其物，随体诘诎，'日''月'是也。三曰形声。形声者,以事为名,取譬相成,'江''河'是也。四曰会意。会意者,比类合谊,以见指伪,'武''信'是也。五曰转注。转注者,建类一首,同意相受,'考''老'是也。六曰假借。假借者,本无其事,依声托事,'令''长'是也。"许慎简要地说明了"六书"的含义。他所提出的名目概括得比较准确,后来为人们所公认的"六书"名目及次序就是这样:象形、指事、会意、形声、转注、假借。

必须指出,"六书"之说,一向被认为是汉字所独有的造字方法和用字方法。其实汉字并非在有了"六书"这个法则以后,才据此创造了汉字,而是先有了汉字,后来通过分析总结才有了"六书"的理论。古称"六书"是"造字之本",后世学者认为:象形、指事、会意、形声之"四书"是造字之法,而转注、假借并不产生新的汉字,只是用字的方法,因此概括称为"四体二用"。清代学者戴震也认为:"指事、象形、形声、会意四者,字之体也;转注、假借二者,字之用也。"说的就是这个意思。

象形法

所谓"象形法",是把一个字所代表的事物依形象描绘出来的造字方法,如⊖(日)、☽(月)、⛰(山)、Ψ(牛)、𠘨(人)、ᵁ(口)、𣎴(禾)、⺡(水)等。

许慎说:"象形者,画成其物,随体诘诎,'日''月'是也。"鲁迅先生也说:"汉字的基础是象形。象形字就是画物象它的形状,以此形状表达它的含义。"例如1953年陕西半坡文化遗址出土的一些陶器,上面刻着的花纹,人们一看就知道是鱼的图画,后来就变成了"鱼"这个汉字。

再以"壶"字为例,它在古代是典型的象形字。甲骨文的"壶"字与古代器物颂壶十分相像。演进到楷书,"壶"(繁体)字与隶书的笔画基本未变。

指事法

所谓"指事法",是用符号指出事物的特点或本质的造字方法。从字形结构看,指事可分为两类:一类是单纯的指事符号,如=(上)、=(下),即在"一"的上面加一短横以指出"上"的意思,在"一"的下面加一短横以指出"下"的意思。另一类是在象形字上加指事符号或抽象符号,如"刃",在"刀"的左部加一点,指出刀刃之所在;又如"本",在"木"字下加一横,指出是树根;"末",在"木"字上加一长横,指出是树梢;"亦"("腋"的本字),在人的两腋之下各加一点,指出是腋窝。

会意法

所谓"会意法",是会合两个或两个以上的字组成一个新字,有的就是把两个或两个以上的实物形体会合起来,通过它们之间的关系或配合,表示出一种新的,通常是抽象的意义。例如:把"鸟"和"口"合在一起造成一个表示鸟叫的"鸣"字。"从"(从),表示一个人跟从着一个人。"比"(比),表示人与人之间相比较或攀比。"安"(安),房屋里有一个女人,意思是安定、安全。"嬲",

两个男人夹着一个女人，意思是戏弄、纠缠。"林"，二木表示树木丛生。"尖"，上小下大以会意。"歪"，不正为歪。"尘"，小土即为尘。"好""鲜""美"之类都是这样会意的汉字。

考古研究认为，"生"字是天下第一个会意字，据说这与号称"人祖爷"的伏羲氏有不可分割的关系。岩画、文化遗址出土的彩陶上的刻画符号透露了"生"字演变的有趣过程：这个由"十"演变成"生"的含义，就是阴阳相交为"生"。阴阳交媾，产生了"生"，包含生育、生命、永生的意思。在6000多年前大汶口彩陶上的原始太极图画中已看到"生"字的影子，其"十"字符号就意味着"生"，"生"是"十"的繁化。

又如"聖"（圣）这个会意字，古人认为耳朵大是福寿和智慧的象征，口大善言，故"圣"的繁体"聖"从耳从口从壬。"壬"就是说话动听之人。因此，所谓"圣人"就是那些能听从天地声音，进而转述给世人的智者。

有些会意字的字素，看起来不像是一个字，倒像一个符号，其实是个古字的变形，现在我们叫它"偏旁"或"部首"。例如"家"字上的"宀"，古时写出来类似⌂，就是屋的象形。

有的字还有更深一层的会意，譬如"癌"字，病字头下面是三个"口"字和一个"山"字，它意味着"口"多，也就是吃得太多了，多得像"山"一样，就难免会生病。

形声法

形声字由形旁和声旁两部分组成。声旁表示读音，形旁表示

字义的类属。形声字的结构形式大致有以下 10 种:

一、左形右声——铀、妈、肝、护、棋等。

二、右形左声——飘、锦、鸥、鹁、期等。

三、上形下声——箱、莲、菜、字等。

四、下形上声——驾、忘、烈、盆等。

五、外形内声——固、周、圈等。

六、内形外声——闻、问、闷、舆等。

七、形居一角——腾(右下)、颖(左下)、荆(左上)等。

八、声居一角——旗(右下)、徒(右上)等。

九、形被拆开,声居其中——衷、衙、裹等。

十、声被拆开,形居其中——辩、辫、哀、衮等。

在以上 10 种结构中,"左形右声"是最常见的一种形式。

请注意,"声在形先"是形声字的识字规律,林成滔先生很生动地把它比喻成"声旁是生母,形旁是晚娘"。从形旁可以猜到字义。我国有句俗话"秀才识字认半边",这话对大部分形声字来说是对的,但并不全对。因为汉字从古至今,音、形、义三者都有很大的变化。对于今日之"秀才",只读汉字的半边,往往读不准字音。例如深圳的"圳"这个形声字,就不能读 chuān,而应读 zhèn。又如多用作人名的"喆"字,就不能读 jí,应读 zhé。诸如此类的形声字不少,应当慎读。

转注法

许慎在《说文解字·序》中给转注下的定义是,"建类一首,同意相受,'考''老'是也"。所谓"建类一首"是说,转注出来的字和本字属于同一个部首。而"同意相受"则是说,转注字和本字意义相同。从"考""老"二字的举例可见,转注字和本字声音相近。这就是说,形似、义同、音近是转注的三个条件。

文字是记录语言的符号,而语言是发展变化的。一个字读音变化了,或各地的方言不同,读音不一,为了在字形上反映这种变化或不同,因而给本字加注或改换声符,这就是转注的意思。例如"考"是"老"的转注字,"考"是由"老"分化派生出来的,因为"老"字的甲骨文写作 ,像长发、屈背的老人扶着手杖的模样,后来读音有了变化,为反映这一变化,只得加注声符"丂"(kǎo)而成为"考"。"考""老"同属"老"部,声音相近,意义相同,可以互相注释,所以《说文解字》中说:"老,考也。""考,老也。"又如"豕"字,甲骨文写作 ,是猪的象形字,由于各地方读音不同,有的地方读作"者",便加注声符"者",写成"豬"(现作"猪");有的地方读作"希",便加注声符"希"而写成"豨"。先有"豕"后有"豬""豨",所以"豬""豨"二字是"豕"字的转注字。

假借法

假借字,在读古代著作时恐怕是最难把握的了。许慎在《说文解字·序》中说:"假借者,本无其事,依声托事,'令''长'是也。"这是什么意思呢? 当语言中产生了新词要记录,为了不增加太多的新字,就从已有的汉字中,选取读音相同的字去表示其含义,这就是"本无其事,依声托事"。这种"借"来的字就叫假借字。例如"我"字,原先在甲骨文里写作 ,本是一种长柄武器,因为发音相同,便假借为第一人称代词。至于许慎用"令""长"二字为例来说明假借的方法,原理是一样的。

先说"令"字。它在甲骨文里是象形字,大屋顶下跪坐着一个人,似乎正在屋内向别人发号施令。后来,许多同音的语词都"借"它去表示,如作为官名有县令、太史令等。"令"字后来又被借用作"使"字讲,如令人肃然起敬、令人震撼等。"令"字又被借用作敬辞,如令尊、令堂、令郎、令爱等。

再说"长"字。它在甲骨文里的写法,像是一个头上有长发、手持拐杖的人,本义是长途、长远。后来假借用于表示时间相隔之久远,如长期、长久等;借用表示经常的意思,如细水长流;又借用表示事物的多余、剩余,例如"身无长物";还有地位高于一般人的称呼,如市长、省长、家长、兄长等。

通常,假借有以下几种借法:

一、一个字被借,借而不还,本义另造新字

例如,"其"是簸箕的象形字,后来借用为代词,本字"其"加一个竹字头而成"箕"。又如"亦"的本义是两腋,当被借用为虚词后,便干脆另造了一个"腋"字代替其字。

二、一个字被借,借而又还,借义另造新字

例如"说话"的"说"(本字),借用为表示喜悦的"说"(借字),后来改"言"为"忄",便为借字造了个新字"悦"。又如"解脱"的"解"(本字),借用为表示水中的一种爬行动物"解"(借字),后来又在其下加一"虫"字,便为借字造了一个新字"蟹"。

三、一个字被借,身兼二职,借义和本义并行

例如"会议"的"会",借用为"会计"的"会"之后,并没有另造新字,本义和借义一直并行至今。此类假借字,为避免意义混淆,用于本义和借义的读音常常不同。

四、一个字被借,本义消失,借义独存

例如,"骗"字从"马",本义是"跃而上马",假借为"欺骗"的"骗",本义消失,借义独存。又如"演"字,本义是滔滔的流水;"之"字,本义是草芽出土;"在"字,本义是草木初生;"即"字,本义是就食;等等。它们的本义早已消失,现存的意义是借义。

必须指出,象形、指事、会意、形声这"四体",如果进一步归纳,可以分为两大类:一类是表意字(象形、指事、会意),另一类便是形声字。我们分析汉字的形体构造,主要是为了探求汉字的本义和来源,至于这个字属于哪一类并不重要。所谓"转注"与"假借",虽说是用字方法,并不直接造字,但通过这两种方法,既扩大了汉字的运用,也间接地造出了许多新字。

第三节　汉字的分类思维

识字的人都知道,每一个汉字都有相应的偏旁,也称部首。偏旁和部首是构成合体字的重要组成部分,合体字的左边叫"偏",右边叫"旁"。现在习惯上把上下左右都叫"偏旁"。偏旁往往是一个独体字,或是独体字的变形。例如"呀、啊、咬、咽、吐"

等字的左边都是"口"字,"口"就是口字旁。又如"仁、何、偏、佛、仙、体"等字的左边都是"亻",这"亻"是"人"字的变形,"亻"是人字旁。学习偏旁,可以通过它认识汉字在形体上的特点,加快识字进度,也可帮助查阅字典。因为汉语字典一般按字形结构,把偏旁相同的字放在一起,便于查检,每部取一个字或笔画(相同的偏旁)标目,放在一部之首,故称之为"部首"。一般而言,部首也就是偏旁,但偏旁不一定都是部首。例如"亻""可""工"都是偏旁,"亻"是部首,而"工""可"只是偏旁而不是部首,通常混称为"偏旁部首"。

正因为汉字有各自不同的部首,字典才得以有序地编排。《新华字典》的部首检字表共有189部,其部首次序按部首笔画数目多少排列。检字时,先按要查的字的部首在"部首目录"内查出页码,然后查"检字表",从而知道所查汉字所在的页码。

偏旁部首是汉字分类义符

汉字的偏旁部首是汉字结构的美妙之处。它能将繁杂的事物分类,不同的部首分别代表着不同类事物,如天文、天象、天时分别以"天""雨""日"等为部首;地理、山岳、河流以"土""山""氵"为偏旁;植物类有草本、庄稼和乔木之分,它们便分别以"艹""禾""木"表示偏旁部首;动物一般以鸟、虫、鱼、兽等为偏旁,分别代表从水生、低等动物到哺乳类高等动物;人及人体器官、部位和动作,分别以"亻""月""目""口""耳""忄""扌""足""辶""讠"等偏旁来区分其意义。这些概括而成的抽象符号,使汉字的表意功能大大增强,造字的范围也相应扩大。

一、汉字的依类系统是汉民族认识世界的一大智慧

汉字的依类系统反映了汉民族特有的文化素养。例如,凡以"禾"为偏旁的汉字,都与农事相关联。《说文解字》列举了"禾"、"稷"(五谷之长)、"秫"(稷之粘者)、"穄"(糜也)、"稻"、"稞"(谷之善者)之类的字,说明当时已有诸多品种的谷物。又如"贝"字,本义指货币,又有钱财、交易之意,凡以"贝"为偏旁部首的字,都有财物或交换之义,如"贵""贱""负""贫""资""货""贸""贾""贡""赐""赏""贪"等字,就从不同的角度反映出社会生计和相关活动。诸如此类,以某一类事物归纳于一定的偏旁部首的方法,反映出汉民族将已有的认识成果系统化的高度智慧。

可以认为,这种根据事物分类意义而确定的抽象"义符",已成了汉字造字的重要基础。此外还有依类摹声或约定俗成的关于某些事物性状的"音符",也是汉字造字的一个重要基础。因为语言先于文字,汉字中有一部分独体字或基本字就出自直接的摹声。例如禽鸟叫声"切切错错"者为鹊,"呀呀"者为鸦,"加我"者为鹅。也有一些是采自拟声,譬如表示否定,一般以紧闭嘴唇而突然张开为特征,则以"不""否""甭"等音近字表示。

在汉字系统中,凡语音相近的字词,其义必然相通。段玉裁在《说文解字注》中就列举了 68 种这样的同源字。例如,凡"农"声皆训"厚":浓、侬、秾等。凡从"辰"字皆有"动"义:震、娠、晨、赈等。著名语文学家宋文翰在《常用国字认识法》一书里也列举了音近义通的字例。例如,"戋"有微小之意,凡取"戋"为声的,

都有"微小"的意思，像水少为"浅"，币小为"钱"，丝缕细小为"线"，竹筒小为"筶"，竹木之少量堆集为"栈"，酒器小者为"盏"，轻踏为"践"，物之剩余为"残"，等等。

二、汉字按偏旁部首分类举例鉴赏，举一反三

现在从众多的偏旁部首中，列举出 18 个并分成 9 组，用形近的偏旁组字，无须多少比较，其类别就呈现在我们眼前：

第 1 组　两点水：冫（冲冯冷凉冻冰冶决）

　　　　　三点水：氵（汉汁法治江沙汽注）

第 2 组　宝盖：宀（字守宁宅牢宿家宣它）

　　　　　秃宝盖：冖（军写冤冠冗冢农冞军）

第 3 组　广字旁：广（床庆度库庭底疟庄庙应庇）

　　　　　厂字头：厂（压历厉原厦厢厅厄厕厘厚原）

第 4 组　单人旁：亻（们佣他你化你例使）

　　　　　双人旁：彳（徐徭徨徘徊得徒待）

第 5 组　贝字旁：贝（财购贷货责贯贞则负贡贤）

　　　　　见字旁：见（观规觅览觉觇砚觊蚬觋）

第 6 组　户字旁：户（扇扉房肩启扁戾戽扈雇扃）

　　　　　尸字旁：尸（尾屋局屇层尼尽尺）

第 7 组　示字旁：礻（社礼祖神祝福视祸祐祛）

　　　　　衣字旁：衤（袍被衬袖裤补裕初袄衫）

第 8 组　木字旁：木（村树枝极桦枫朴材札松杉李杏）

　　　　　禾木旁：禾（程秋稻稷私秆和委秉乘秃）

第 9 组　草字头：艹（芽英苗萎茄范苋蕨葛苍芡）

竹字头：⺮　（第笋篡纂竺笠篱笾笄篇笪）

从以上9组看，除"贝"和"见"之外，每组的两个偏旁差别都很细微，所以认字和书写时都必须仔细地加以区别。用这些偏旁部首组成的汉字，其分类自明，而且它们的字义大都相近，故曰部首是汉字分类的义符。此种分类原则，尽可举一反三，这正是汉字的一大特点，也是汉字奥妙之所在。

可以想见，以表示事物种属意义的偏旁部首（义符）和表示事物性状的独体字（音符）相结合，就组成了一大批具有更高更精确的分类意义的汉字。正如许慎所言："其后形声相益，即谓之字。……字者，言孳乳而浸多也。"

三、汉字的部首分类是一种科学思维

事实上，汉字是一个有序的系统，所以汉字的认知是有规律可循的。汉字的分类思维，体现了汉民族注重整体思维的思想方法。

汉字现代化研究会会长袁晓园曾就她在联合国工作20多年的经验，畅谈过汉字的科学思维。她说，在多种语言文字的比较中，汉语最为简单明确。"联合国有中、英、俄、法和西班牙五种文本，随手一拿，最薄的准是中文本。"她举例说，譬如"了不得""不得了""得不了"，三个同样的字的不同排列，就可以表达三种不同的意思。她进一步指出：汉字历经几千年一脉相承，其根本就在于具有科学的表意性，见字能猜音，望文能知义，表现了中华民族先民的极大智慧。她说：

我们看见"娘、妈、婆、媳、姐、妹"等,就知道这是指女性;看见"汹涌澎湃",不但觉得巨浪翻腾,还仿佛听到滚滚海涛之声。又譬如"湖、瑚、蝴、葫、糊、猢、胡"等,只要认识一个"胡"字,一系列同音字即可顺利读识,而且不易忘记。……我们一两千年前的诗文如"大风起兮云飞扬""对酒当歌,人生几何",就是刚刚识字的几岁孩子,也可津津有味地诵读。

袁会长的这番论述,说的就是汉字以偏旁分类的科学性。

偏旁部首有音义可识读

汉字的偏旁,从结构形式看,只是汉字笔画的某些部件,其实大都由独立的汉字演化而来,原先都有具体的读音和含义,有的如今仍作为独立汉字在使用,无疑是一类"非常汉字"。如果对部首的读音和含义有所了解的话,肯定有益于我们准确地理解汉字。不妨列举几个实例做一些剖析。

一、偏旁"丶"

现称之为"点"。它原本是一个独立的汉字,读音为"zhǔ"。《六书正讹》曰:"丶,古文'主'字,灯中火丶也,象形,借为主宰字。"由此可知,这"丶"是"主"字的古体,其义为灯中的火炷,所谓"灯火如豆",这是典型的象形字。它亦可在读书时断句用。

二、偏旁"冫"

现称之为"两点水",是由"仌"演变而来的。"仌"是"冰"字的古体。《韵会》曰:"冫,本作'仌',今文作'冰'。"

三、偏旁"灬"

这个偏旁是并排的四个点。通常，人们不会认为它是可以独立使用的汉字，然而它的确是一个汉字。

有网友曾发帖称，在电脑的语言输入工具中，发现有"小""、""丨"等生僻字，但这些字并未被收录入常用字典，引发了网友的热议。很多人认为，既然都是汉字，为何在《现代汉语规范辞典》《新华字典》中查不到？

据国家语言文字工作委员会研究员厉兵先生说：《现代汉语规范辞典》《新华字典》等常用字典收录一个汉字，要看它在现代汉语传播中是否常用。这些字典没有收录这些"怪字"，不等于它们不是汉字，只说明这些字不常用。

现已查证：汉字"灬"有两个读音，古读"huǒ"，基本字义同"火"，认为它是"四点水"是错误的；还读"biāo"，基本字义为"烈火"。

四、偏旁"丨"

现称之为"竖"，读音是"gǔn"，基本字义为上下贯通。

五、偏旁"卩"

现称之为"单耳旁"，或叫"单耳刀"。原音读"jiē"，象形字，指"符节"。《玉篇》曰："卩，今作节。"《六书正讹》曰："卩，象骨节，为符节字，隶作节。"

六、偏旁"廴"

现称之"建之旁"，或"建之底"。原是一个独立汉字，音、义均同"引"。也有人认为"廴"就是"引"字的古体。《说文解字》

曰："廴,长行也,从'彳'引之。"《集韵》曰："廴,以忍切。"《玉篇》曰："廴,今作'引'。"

七、偏旁"夂"

现称之为"反文旁",也有人称作"折文"。其实"夂"本读"zhǐ",表示"从后至"。《说文解字》曰："夂,从后至也,象人两胫,后有致之者。"现代字书中的"冬、备、务、处、夏"等字皆从"夂"。

八、偏旁"彡"

现称之为"三撇儿",原读"shān"。《韵会》曰："彡,师衔切,音'杉'。"《说文解字》曰："彡,毛饰画纹也,象形。"这"彡"本指羽毛装饰的花纹,字形很像斜插的羽毛。

九、偏旁"凵"

现称之为"凶字框",本读"kǎn",指盛物之器具。《集韵》曰："凵,苦绀切。"《正字通》曰："凵,受物之器,象地体承载形,虚中者当其无有,器之用也。"现代字书里的"函、幽、画、凶"等字都从"凵"。

十、偏旁"匚"

这个偏旁也是一个独立的汉字,读作"fāng",是古代装东西的器皿。《集韵》曰："匚,分房切。"《六书正讹》曰："匚,本古'方'字,借为'受物器'。"现代字书中的"匠、匡、医、匣、巨"等字都从"匚"。

汉字偏旁名称表[①]

1. 本表列举一部分常见汉字偏旁的名称,以便教学。
2. 本表收录的汉字偏旁,大多是现在不能单独成字、不易称呼或者称呼很不一致的。能单独成字、易于称呼的,如山、马、日、月、石、鸟、虫等,不收录。
3. 有的偏旁有几种不同的叫法,本表只取较为通行的名称。

偏旁	名称	例字
厂	偏厂儿(piānchǎngr); 厂字头(chǎngzìtóu)	厅、历、厚
厂	反字框(fǎnzìkuàng)	反、后、盾
匚	区字框(qūzìkuàng); 三框(sānkuàng)	区、匠、匣
刂	立刀旁(lìdāopáng); 立刀(lìdāo)	列、别、剑
冂(冂)	同字框(tóngzìkuàng)	冈、网、周
亻	单人旁(dānrénpáng); 单立人(dānlìrén)	仁、位、你
⺈	斜刀头(xiédāotóu); 负字头(fùzìtóu)	争、危、象
勹	包字头(bāozìtóu)	勺、勾、旬
几	风字头(fēngzìtóu); 风字框(fēngzìkuàng)	凤、凰、凤
亠	京字头(jīngzìtóu)	六、交、亥
冫	两点水(liǎngdiǎnshuǐ); 冰字旁(bīngzìpáng)	次、冷、准
丷	倒八(dàobā); 兰字头(lánzìtóu)	并、关、首
冖	秃宝盖(tūbǎogài)	写、军、冠
讠	言字旁(yánzìpáng)	计、论、识
凵	凶字框(xiōngzìkuàng)	击、凼、函
卩	单耳旁(dān'ěrpáng); 单耳刀(dān'ěrdāo)	卫、印、却
阝	双耳旁(shuāng'ěrpáng); 双耳刀(shuāng'ěrdāo) 左耳刀(zuǒ'ěrdāo)(在左) 右耳刀(yòu'ěrdāo)(在右)	防、阻、院 邦、那、郑

① 引自《现代汉语词典》(第 7 版)。

偏旁	名 称	例 字
厶	私字边（sīzìbiān）； 三角 （sānjiǎo）	允、去、矣
廴	建之旁（jiànzhīpáng）	廷、延、建
딛	仓字底（cāngzìdǐ）	仓、危、卷
土	提土旁（títǔpáng）	地、场、城
扌	提手旁（tíshǒupáng）	扛、担、摘
艹	草字头（cǎozìtóu）； 草头 （cǎotóu）	艾、花、英
廾	弄字底（nòngzìdǐ）	开、弁、异
尢	尤字旁（yóuzìpáng）	尤、尨、尬
囗	国字框（guózìkuàng）； 方框 （fāngkuàng）	因、国、图
彳	双人旁（shuāngrénpáng）； 双立人（shuānglìrén）	行、征、徒
彡	三撇儿（sānpiěr）	形、参、须
犭	反犬旁（fǎnquǎnpáng）； 犬犹 （quǎnyóu）	狂、独、狼
夂	折文儿（zhéwénr）； 冬字头（dōngzìtóu）	处、冬、夏
饣	食字旁（shízìpáng）	饮、饲、饰
丬（爿）	将字旁（jiāngzìpáng）	壮、状、牁
广	广字旁（guǎngzìpáng）	庄、店、席
氵	三点水（sāndiǎnshuǐ）	江、汪、活
忄	竖心旁（shùxīnpáng）； 竖心 （shùxīn）	怀、快、性
宀	宝盖 （bǎogài）	宇、定、宾
辶	走之 （zǒuzhī）	过、还、送
彐	雪字底（xuězìdǐ）； 横山 （héngshān）	归、寻、当
孑	子字旁（zǐzìpáng）	孔、孙、孩
纟	绞丝旁（jiǎosīpáng）； 乱绞丝（luànjiǎosī）	红、约、纯
幺	幼字旁（yòuzìpáng）	幻、幼、兹
巛	三拐儿（sānguǎir）	甾、邕、巢
王	王字旁（wángzìpáng）； 斜玉旁（xiéyùpáng）	玩、珍、班

偏旁	名　　称	例字
耂	老字头（lǎozìtóu）	考、孝、者
木	木字旁（mùzìpáng）	朴、杜、栋
牜	牛字旁（niúzìpáng）	牡、物、牲
车	车字旁（chēzìpáng）	轨、轮、轴
攵	反文旁（fǎnwénpáng）；反文（fǎnwén）	收、政、教
爫	爪字头（zhǎozìtóu）	妥、受、舀
火	火字旁（huǒzìpáng）	灯、灿、烛
灬	四点底（sìdiǎndǐ）	杰、点、热
礻	示字旁（shìzìpáng）；示补儿（shìbǔr）	礼、社、祖
夫	春字头（chūnzìtóu）	奉、奏、秦
罒	四字头（sìzìtóu）；扁四头（biǎnsìtóu）	罗、罩、罪
皿	皿字底（mǐnzìdǐ）；皿墩儿（mǐndūnr）	盂、益、盔
钅	金字旁（jīnzìpáng）	钢、钦、铃
禾	禾木旁（hémùpáng）	和、秋、种
疒	病字旁（bìngzìpáng）；病旁（bìngpáng）；病字头（bìngzìtóu）	症、疼、痕
衤	衣字旁（yīzìpáng）；衣补儿（yībǔr）	初、袖、被
癶	登字头（dēngzìtóu）	癸、登、凳
覀	西字头（xīzìtóu）	要、覃、票
虍	虎字头（hǔzìtóu）	虏、虑、虚
竹	竹字头（zhúzìtóu）	笑、笔、笛
羊	羊字旁（yángzìpáng）	差、羚、羯
龹	卷字头（juànzìtóu）	券、拳、眷
米	米字旁（mǐzìpáng）	粉、料、粮
纟	绞丝底（jiǎosīdǐ）	紧、累、累
𧾷	足字旁（zúzìpáng）	跃、距、踌
髟	髦字头（máozìtóu）	髦、鬓、鬓

042

第四节　汉字的三大要素

汉字是由字形、字音和字义三个基本要素构成的有机统一体。每个汉字都有一定的读音、一定的形体，都表示一定的意义，音、形、义三者密不可分，互相依存，互相映衬，从而标志一个完整的汉字，缺一不可。例如"拴"这个字，读音是 shuān，形体是提手旁加个"全"字，表示的意义是"用绳子等绕在物体上，再打上结"。而和"拴"读音相同的"栓"，形体与"拴"不同，意义也不一样。这说明每个汉字都以自己音、形、义三方面独有的特征，与别的字相区别而存在。

字形是音、义的依托

字形在汉字这一有机体中是首要的一项，因为离开了字形，字音和字义便无从依托。几万个汉字，全靠其笔画、偏旁、结构部位等因素所构成的字形来区别。如果字形写得错乱了，就会让读者无法认识，从而达不到交流的目的，甚至会引起误解。

一、字形决定于笔画

事实上，确有许多汉字的形体很相近，容易相混。例如，有些字多一点少一点，其字音、字义便大不一样，像"王"和"玉"、"万"和"方"、"折"和"拆"；有些字多一横少一横不一样，像"早"和"旱"、"句"和"旬"；有些字多一竖少一竖也不一样，像"侯"和"候"、"戎"和"戒"；有些字多一撇少一撇也不一样，像"侍"和

"待"、"弋"和"戈";有些字多一捺少一捺也不一样,像"尸"和
"尺"、"才"和"木";有些字笔画出头不出头便不一样,像"胄"和
"胄"、"甲"和"申"、"天"和"夫";有些字只是偏旁的位置不同,
其音、其义也大不一样,像"吟"和"含"、"岔"和"岍";等等。因
此,我们必须认真仔细地辨别汉字的字形,才能把字写好,把字认
对读准。

二、字形的多味故事

关于字形,古今文化生活中与它相关的故事很多很多,带来
的不光是文字游戏,也有好运,甚或是灾祸。

清朝嘉庆年间,有个状元叫龙汝言。他在审校《高宗实录》的
过程中,由于一时大意,没有发现其中将"高宗纯皇帝"写成"高宗
绝皇帝"的错误,惹得龙颜大怒,被革职查办,"永不录用"。这个
故事中的"纯""绝"二字的形体很相近,特别是手写体很难从外
形上分辨清楚,所以龙汝言铸成了大错,"跌"得很惨!

这个小故事说明,汉字外形大致相似时,笔画稍有差异,其
义、其音往往全变了。

字体笔画及其规则

汉字形体取决于笔画,亦即构成汉字的线条符号。书写时,
从落笔到起笔所写出的点线,叫作一笔或一画。

一、决定汉字形体的笔画

归纳起来,汉字的基本笔画大致有8种:

点　　 丶　　 点有多种,此为其中之一。

横　一　由左往右写。

竖　丨　竖也叫直,由上往下写。

撇　丿　由右上往左下写。

捺　乀　由左上往右下写。

挑　㇀　挑也叫提,由左下向右上写。

折　㇕　横画的一端与竖画的一端相接。折有各式各样的,这是其中之一。

钩　亅　收笔轻巧快速地挑出的笔画。钩有多种,这是其中之一。

上述基本笔画,由于受书写位置和比例的限制,常有变形。例如撇类笔画,由于变形的需要,又有平撇("千"字的第一笔)、竖撇("用"字的第一笔)、横折撇("又"字的第一笔)、横折折撇("乃"字的第二笔)、竖折撇("专"字的第三笔)。总之,基本笔画及其变形,形状不同,各有特色。书写汉字时,这些笔画切不可马虎,必须按规则一笔一画地写。

二、笔画各有含义

汉字是在象形文字基础上发展成的表意文字,所以古人造字的笔画,都有一定的作用与含义。例如"人"字,一撇一捺,表示出人需要互相支撑。再说"点"这个笔画,在绝大多数汉字结构里都少不了它,它所表达的含义就更多了。现举一些字例来说说它的趣味性。

立:"立"字像个人站立在地上,最下面的一横代表地面,它的顶端一点是人头的形象。

乌："乌"字的点，表示鸟的眼睛，而"乌鸦"全身是黑，看不出眼睛，所以"乌"字没有这一点。

母："母"字的两点，表示母亲的两个乳房，突出母亲哺婴的特征。

州："州"字的点，表示高出水面的陆地。

家："家"字上面一点，表示屋顶的形状。室、宫、宿、寝等字的点同理。

京："京"是建在高基上的宫室。周代用"京"表示国家首都，"京"字上的一点，与"高"字的一点同理。

羊："羊"字上的两点，如同两只羊角。

兔："兔"的后腿长于前腿，尾巴显得很短，故"兔"字的点表示尾巴。歇后语说"兔子尾巴——长不了"，正合此意。

勺："勺"字的一点，很像勺中之物。

交："交"字像两腿交叉的人形，也表示被捆绑的人形。"交"字上的一点，自然是人头的变形。

并："并"字像两个人并排站在那儿交头接耳。

刃："刃"字的一点，指刀的锋利之处。

丹："丹"指朱砂，《说文解字》说丹是"采丹之井"。"丹"字这一点，就是从井中采出的朱砂。

火："火"字的两点，表示火焰升腾的火星。

主："主"字像灯的形状，即"炷"的本字，上面一点表示火炷之形。

玉："玉"和"王"两个字，在甲骨文、金文、小篆和秦隶中，都是同样的笔画，表示玉的"王"字三横距离相等，而"王"字的第二横和第三横的距离大于第一横和第二横的距离。楷书和晚期隶书则用加点的办法予以区别，所以"玉"中一点是区别"王"字的一个符号。

"玉"字用作左偏旁时，省去了那一点，例如理、玷、瑜、瑕等；用作上下结构要加点，例如莹、璧、玺等。

三、戏弄"笔画"的历史故事

汉字笔画是一个很重要也很有趣的问题，下同说一则历史名人戏弄笔画的故事以兹说明：

明代的徐渭(字文长)是历史上一位颇有名气的文人，能诗善画，且爱好灯谜。当年绍兴有个点心店的老板，慕名请徐文长给点心店写一块牌匾，徐文长便欣然命笔："点心店"三个大字让人眼前一亮，因为出自名人之手，笔势如何，老板并没在意。牌匾挂出之后，人们看到其中"心"字中央少了一点，谁也猜不出是何用意。这怪字，是否与店家的点心有什么关联？这件趣事口口相传，不胫而走，不少人还特地远道而来观看此等怪匾。人来多了，自然有人或坐下来进餐，或买些点心打包带回家。这样一来，点心店的生意日益红火。

过了一些时日，老板觉得匾上有一个错字总归不太好，又不好意思再找徐文长，便自作主张在匾的"心"上加了一点，真正成为"心"字了。可是从此以后，顾客慢慢没有以前那么多了，生意也越发不景气了。老板心里很纳闷，于是去找徐文长。徐文长笑着说："你这个点'心'店，是专门点人家空肚子的店家，肚子空了的顾客好来吃,现在你在人家肚子里装进了'东西',肚子不饿了,还有谁来吃点心呀?"

徐文长这番话是戏言,其实是匾上"心"字的笔画规范了,人们的好奇心也就没有了的缘故。老板吃了苦头才明白,追悔莫及。世人都说"一字千金",岂知一笔也值千金呀!

当然,说这则趣味故事,还是为了警示汉字笔画规范问题。

字音的标注

汉字是字形、字义和字音的统一体。一个代表某种意义的汉字,除了有一定的书写形式外,还应有一定的读音。为了帮助人们掌握汉字的读音,就必须给汉字提示其发音的方法。因为汉字不是拼音文字,古代又没有拼音字母,当时人们为了识读汉字,曾经琢磨过许多方法。在这些方法中,有打比方、做描绘、直接注音等。其中最奏效的方法应该算"直音"与"反切"两种。当然,最科学、最精准的注音方法,应该是今天运用的拉丁字母拼音方案。

一、声符法

我国最早是用声符来表示汉字读音的。像晚期的甲骨文,有些象形字增加了表音的声符,变成了形声字。已故古文字学家唐兰先生在《中国文字学》中就明确地说:"所谓形声,在原始时是一种注音的文字。"可见,形声字原本是一种最原始的"注音"字。无疑它有很大的缺陷,因为声符往往只能表示与这个字的实际读音相近的音。例如"涵"这个字,《说文解字》注的是"面声",这个声符并不能准确表示"涵"的读音。有时受语音的发展变化和方言的影响,有些字的声符已不能表示它的读音了。例如"汤"字,《说文解字》注的是"易声",这个声符已经不能再表示"汤"字的读音了。

二、读如法

到了汉代,人们发明了一种注音方法,叫"读如",也叫"读若",即"读若某同"或"读如某同"。段玉裁《周礼汉读考·序》说:"读如、读若者,拟其音也。"就是用一个音同或者音近的字,比拟被注字的读音。例如《说文解字》注"芨"的读音,就注成"读若急"。这"读若急",意思就是"芨""急"的读音十分相近或相同。又如《说文解字·玉部》注"瑂"的读音:"瑂石之似玉者,从玉眉声,读若眉。"这"读若眉",意思就是"瑂""眉"的读音十分相近或相同。再如《淮南子·原道训》注"底":"所谓后者,非谓其底滞而不发,凝结而不流。"高诱注:"底读如纸……"这"读如纸",也就是说"底"与"纸"的读音十分相近或相同。它们都是一种用甲字给乙字注音的方法,相比用"声符"表示读音的方法,大有进步,但仍有跟声符发音类似的缺点。

三、直音法

此法盛行于汉代,是指用一个比较容易认识的字来直接标注跟它同音的生字的方法。因为"读如""读若"不一定完全同音,而直音法要求用一个同音的字记音,必须完全同音才行。例如《史记·高祖本纪》:"高祖常繇咸阳,纵观,观秦皇帝,喟然太息曰……"其正义说"包恺云:上音馆,下音官",意思是说上文中的两个"观"字,上一个直接读与"馆"同音,下一个直接读与"官"同音。又如《尔雅》郭璞注:"钊,音招",就是用直音法给"钊"字注了一个"招"的读音。依此类推,"恐,音孔""颂,音送"等。"直音"表示的注音字和被注音字是相同的读音,看了注音字,马上就知道被注音字的读音。当然选用的"注音字"应是尽人皆知的常用字,这样便一目了然。这种方法简单,直到今天人们还在用。

但是,直音法也有其严重的局限性,有的生字找不到相应的同音字时,此法就无能为力了;有的生字即使能找到同音字,但都比较生僻,标注起不了助读的作用。譬如"蹭"等生字就找不到同音字,无法使用直音法;像"嫩"作为生字,能找到的同音字只有"恁"这一个字,此字比"嫩"更生僻,注了也等于没有注。直到后来创造了"反切法",才弥补了直音法的不足。

四、反切法

"反切法"流行于东汉末年,盛行于唐宋各代。此法是指用两个汉字相拼读,拼出一个生字的读音来,也就是取上字的声母和下字的韵母(包括声调)进行合成,拼出另一个字的读音。例如"狻,素官切",就是取"素"字的声母"s"和"官"字的韵母(包括声调)"uān",拼成"狻"的读音"suān"。又如"练,郎甸切",即用"郎"字的声母"l"和"甸"字的韵母"iàn"(包括声调)拼成"练"的读音"liàn"。不过,遇上反切上字这个音节起首的音素是元音或半元音这种"零声母"现象时,拼出的生字就只能是"零声母"了。例如"乌,哀都切",就是乌字的读音=哀(āi)+都(dū)=零声母+ū=ū(wū)。由此可见,读古书时常见注释中有"方工切""于丙切"之类的字样,这就是"反切"注音的提示。

最早使用"反切法"的古书,是汉代孙炎撰写的《尔雅音义》。这种方法开始称作"反"或"翻",唐朝统治者忌讳"反"(害怕造反也)字,逐改叫"切"。在这里,反、翻、切是同义词,都是拼音的意思,后世合称为"反切"。

当然,古今语音、声调等的发展变化,以及反切用字的生僻、繁杂、不统一等,致使反切法有时得不出正确的读音,而且甚为烦琐,因此削弱了反切法的效能。为了发扬反切注音的优势,克服反切的不足,明清两代有不少学者从各方面对这种注音方法进行了改造,企图突破用汉字注音的局限,但始终找不到一条理想的途径,因此呼唤更新的注音方法。到清代末年,民间出现过 27 种拼音方案,叫"切音字"。其中影响最大、推行最广的是"官话字母",它是由王造于 1900 年创立的。几年后,劳乃宣又在"官话字母"基础上改进出"合声简字"。

五、注音字母

汉字注音的历史表明,仅仅依靠汉字来给汉字注音的方法,已暴露出很难克服的缺点。要想汉字注音走上科学化的道路,应该有一套音标文字。1910 年,曾有人修订"简字",改成了音标。第二年辛亥革命爆发,改朝换代致使到民国元年(1912 年)7 月 10 日,北京召开的临时教育会议决定,将清末提出的"音标"改称"注音字母",通过了《采用注音字母案》。第二年,读音统一会在京召开,会上提出的注音字母方案很多,最后采纳了马裕藻、朱希祖、许寿裳、周树人(鲁迅)等人的提议,把会议审音用的"记音字母"作为正式字母通过。这套注音字母都是笔画很少的古字,由于拼注的是"国音",故称"国音字母"。1918年11月25日,北洋政府教育部正式公布,其方案中注音字母总共39个,其中声母24个,韵母15个。此后几经修改,渐趋合理化。直到《汉语拼音方案》公布前,我国的字典、词典的注音,几乎都用这套注音字母。现今,台湾省的语文教材仍在用它注音。

第五节　窥探字里乾坤

汉字是世界上单字数量最多的文字。1989年出齐的8卷本《汉语大字典》,收录单字约5.6万个。这在世界文字中是罕见的,其魅力在世界文字中也是独一无二的,令人着迷。

汉字之数无穷考量

中国的汉字由于经历了四五千年的演变发展,字数越来越多。究竟有多少字,确实很难说清楚。我国第一部以人名命名的汉字辞书,是《康熙字典》。该字典成书于清代康熙五十五年(1716年),由张玉书、陈廷敬等人受命编集,计42卷,分214个部首,共有单字43400个,也有人统计为47035个字,可谓集古之大成也。但是,其中大多为古字、俗字和旧体字等,至今,除历史文献和古籍之外,早都摒弃不用了。而目前一般使用的,不到其中的十分之一,3000余字而已。

此外,从历代一些字书中也可做出如下的统计:

甲骨文有3500~4500个字。

汉代扬雄《训纂篇》共录 2040 个字。

第一部字典、东汉许慎《说文解字》收集 9353 个字。

三国魏李登《声类》共录 11520 个字。

张揖《广雅》收集 18151 个字。

《字林》收集 12824 个字。

梁朝顾野王《玉篇》收集 22726 个字。

第一部韵书《切韵》收集 12158 个字。

《唐韵》收集 15000 个字。

宋代陈彭年等《广韵》收集 26194 个字。

王珠、司马光等《类篇》收录 33190 个字。

《集韵》收集 53525 个字。

《字汇》收集 33179 个字。

明代张自烈《正字通》收录 33440 个字。

《洪武正韵》收集 32225 个字。

清代张玉书等《康熙字典》收录 47035 个字。

当代《中华大字典》收集 48000 个字。

现代最权威的字典《汉语大字典》收集 56000 个字。

《中华字海》收集 86000 个字。

《中国书法大字典》收集首文字数共 4392 个字,如按重文计算,则有 47430 余个字。

汉字的数量虽有数万之多,但常用的字却只有几千个。对我国现代 90 种流行杂志和报纸用字的调查发现,其中出现的不同汉字为 3328 个;重复出现的汉字累计数为 280094 个;使用频度最高即出现 101 次以上的约有 653 个字。

1988 年,国家语委、国家教委公布的《现代汉语用字表》,共计 3500 个字,据检测结果,其常用汉字的覆盖率达 99.48%。由此可见,除从事相关研究工作的专家学者之外,通常读书、看报或书写一般诗文,能用到的汉字,差不多也就是 3000 多字。

这么多的汉字,形形色色,气象万千。从汉字之"最",即可见其一斑。

笔画最少的汉字

笔画最少的汉字即 1 画的汉字,共有 14 个,其中常用的是"一""〇""乙"3 个字。

笔画最多的汉字

笔画最多的汉字是"上下左右共四个繁体的龙"字,读作"zhé"。此字共有 64 画,比现代一般字典中出现的笔画最多的"齉(nòng)"(37 画)字还要多 27 画。这个由四个繁体"龙"字组合而成的字,是唠唠叨叨的意思。

异体最多的汉字

"寿"字,它的常见繁体是"壽"。它是异体最多的汉字,旧有"百寿"之说,流传的"百寿图"即为佐证。据有关典籍记载,"寿"字的异体达 160 个。

"寿"的形体演变

简化幅度最大的汉字

千百年来,汉字历经了笔画简化的漫长过程。至今简化幅度最大的汉字是"𣤶"(yǎo)字,其繁体"龘"共有48画,简化后只剩下15画,比原来繁体减少了33画。

同音字最多的汉字

同音最多的汉字读"yì"音,如衣、异、奕、毅、役、驿、诣、佾等,共有92种写法,84种意义。有兴趣的读者,大可到工具书中去钻研一番。

同义词最多的汉字

同义最多的汉字是"死"字,如逝、亡、夭、殇、谢、溘、离、别、走等,共有165个同义词。君不信,不妨查一查工具书,肯定很有收益,也算是文字游戏吧!

最常用的现代汉字

"的"字是最常用的现代汉字。据专家对1983—1984年度全国中小学语文教材词频统计的结果,"的"字出现的频次比其他汉字都要高,几乎是词频数居第二位的"了"字的3倍。

《百家姓》用字之最

"姓"氏反映了家族血统的关系,再加一个"名字",就是人在社会上的标识和代表符号。《百家姓》是先人对姓氏的统计:赵钱孙李,周吴郑王……(中国人的姓氏远远不止百家)。"赵"姓是人口最多的吗?否!因为《百家姓》编于宋代,当朝开国皇帝是赵匡胤,"赵"是国姓,自然列为第一位。据2021年第七次全国人口普查统计,姓氏人口数最多的是"李"姓,约占全国总人口的7.94%,就是说国人有近1亿以"李"字为姓。

古代姓氏中特别用字的很多,诸如"柴米油盐"者亦众,但最容易写错读错的,恐怕要数下面两个字了。一是"玊"。这个字和"玉"不同,一点写在第二画的上面。二是复姓"毌丘"。这个复姓的第一个字"毌"和"母""毋"都不同,中间是一竖,不出头。汉代有毌丘长,见《后汉书·虽佑传》。《三国演义》里有个毌丘俭,曾和司马师大战一场。"玊"字读"sù";"毌"字读"guàn"。

生肖用字最受国人关切

所谓生肖,是一种有关纪年的方法。"生肖"一词从字面上讲,就是指人所出生那一年的岁时象征。古人以十二地支各代表一种动物,成为子鼠、丑牛、寅虎、卯兔、辰龙、巳蛇、午马、未羊、申猴、酉鸡、戌犬、亥猪12个年份。哪一年出生的就以那一年相应的动物为属相,自然是人人有份,12年为一轮回。根据这种纪年方法,可以推算出每个人的年龄。例如查看《2019 年(己亥年)属相、年龄(虚龄)对照表》,自己的年龄便一目了然。由此可见,生肖关系着每一个中国人。

十二生肖的习俗并非汉族独有,有的民族也使用动物纪年的方法,《琅琊代醉篇》就记载了居住在我国北方少数民族的生肖:"北狄中,每以十二生肖配年为号,所谓狗儿年、羊儿年者。"这种动物纪年的方法,后来和"干支纪年"法相融合,便自然产生了十二生肖之说。

两字组成的一个最伟大的词

汉字是词语的基石。有许多汉字其本身就是一个单音词,当然另有大量的词是由两个字或更多的字组成。"中国"一词就是由两个汉字组成。

陕西省宝鸡市博物馆展藏有一件青铜器,名叫"何尊",于 1963 年出土于宝鸡市陈仓区贾村。铜尊内胆底部有一篇 12 行共 122 字的铭文,记录着西周国王周成王(西周王朝的奠基者姬诵,周文王之孙,武王之子)营建洛邑,建筑陪都的重要历史事件,文字中有"宅兹中国"之说,此乃"中国"一词最早的记载。该铭文把"中国"的最早地址确指为洛邑所在的洛阳盆地,即以洛阳为中心的中原地区。

再看古籍,《左传·庄公三十一年》有"凡诸侯有四夷之功,则献于王,王以警于夷。中国则否"的记载,足见春秋初期,早有"中国"一词与夷、蛮、戎、狄并提。《公羊传·僖公四年》更说:"南夷与北狄交,中国不绝若线。桓公救中国而攘夷狄,卒荆,以此为王者之事也。"这是说齐桓公救援邢、卫等国,称作"救中国",可见春秋时代的"中国"已扩大到被认为是"诸夏"的国家。

在文化传统上,"中国"还有"华夏"的别称,最早可见于《左传·襄公二十六年》,曰"楚失华夏"。唐代孔颖达注疏:"华夏为中国也。"即指中原。华夏族人称其四境民族为夷、蛮、戎、狄,而自称"中国"。其实"中国"的别名除"华夏"之外,还有"中华""九州""神州""四海"等。

"中国"一词早先只指地域范围,后与时俱进,内含由小变大的扩展历程,有着3000多年的文字记载。从夏、商、周直至明清,从来没有一个王朝或政权曾用"中国"做过正式国名,但它见证了中华民族文明的进程。启用"中国"一词作为国名,起始于辛亥革命的胜利。

字义最丰富的合体字

字义最丰富的汉字,莫过于合体字。有的合体字是位高权重的历史名人所创造,例如唐代武则天坐上皇帝宝座后,就造过一批字,其中有个合体字"曌",其意为:日月当空,吉星高照。

这个合体字的读音为"zhào",正因为字义美好,武则天特用它做了自己的名字。尽管是女皇造的字,老百姓并没有买账,所以行之难远。但反映民俗的一些合体字,像"招财进宝"之类,如同"双喜"合体字"囍"一样,因为合乎民心,为百姓所公认,所以千百年来仍在民间流传。现今仍有一些商家,写有类此"招财进宝""日进斗金""黄金万两"的合体吉祥字,贴在柜台上,以示祝福。

还有反映方言的合体字,例如陕西咸阳一带的"biángbiáng面",是一道名小吃。这个"biáng"的合体字写法很复杂,还有一则引导书写的歌诀:

一点飞上天,黄河弯两边;八字大张口,言字往里走;
左扭扭,右扭扭,东一长,西一长,中间夹个马大王。
月字边,心字底,安个刀钩挂麻糖,坐上车儿逛咸阳。

按此歌诀,可以想见这字的笔画之繁杂了。你能写出这个发"biáng"音的合体字吗?不妨当作文字游戏试着写写看。

biáng

安徽宿州市周边县市区盛行一种味道极为鲜美的杂烩汤,方言叫"sá"。这道汤的"sá"字,读音为第二声,是个再造字,在通用的字典、词典里都找不到,计算机字库也无法输出。但宿州市"昭德轩"sá汤店的招牌上却明明写了这个字,由"月、天、非、一"四个字素组成,左边是"月"字旁,右上为"天"字头,右中为"非",

右底为"一",意思是做好这道浓汤的要诀:"月月熬,天天熬,非一日之功。"

膴

sá

第二章
汉字的形体演进

几千年来，汉字一直在发展变化着，变化最明显的是在书写形式方面。所谓"形"，是指汉字从甲骨文到篆、隶、楷，一直到草体的形式，这一路走来的字形演变，几乎脱胎换骨，面目全非。不过，这里说的汉字形体，也有"体"的另一层含义，就是指汉字的载体，是说用什么东西来承载汉字，亦即在什么上面"写"字。由于历史条件的限制，早在远古时期，文字只能用尖利的工具刻在甲骨上，随后陆续又有将文字铸在青铜器等金属器皿上的，又有用刀刻在石头和竹（木）长片（简）上的，又有用笔写在绢绸（帛）上的，直至纸的发明写在纸上。今天的电脑、手机屏幕更是最时尚的汉字载体了。

看来，汉字的"形"，是由近似图画的写实象形变为由笔画组成的符号，主要是笔势的变革，即笔画姿态的变化。具体而言，从甲骨文到现在的楷书，汉字的外形经历了两次最大的变革：第一次是秦汉之际由篆书变成隶书，第二次是公元 3 世纪前后由隶书变成楷书。秦始皇统一中国后，变大篆为小篆并通行全国，通常就称小篆以前的汉字为古文字，包括甲骨文、金文、小篆。而隶书是汉字形体演变历史上的重要转折点，是古文字演变成现代汉字的分水岭。楷书是由隶书演变出来的正式字体，通行至今。草书是各种字体的自然简化,是它们写得潦草的形式。行书则是介于楷书和今草之间的字体,可以说是一种流通的手写体。

第一节　文化晨曦之甲骨文

甲骨文,这种字形成于殷商时代,距今有 3600 多年的历史。由于它是先人用刀锲刻在龟甲和兽骨之上的文字,故称甲骨文,又叫契文(就是用刀刻出来的文字)。这是迄今我们所见到的最古老也是最系统、最集中的一种汉字体系,它反映了远古时代的信息,展现了先民追求大自然的稚拙之美与探索精神。但,它的发现只有 100 多年。

甲骨文的发现

甲骨文的最初发现,曾有一段有趣的故事:19 世纪,河南省安阳小屯村的农民在翻耕土地时,发现了一些有刻痕的龟甲。一位叫李成的剃头匠因生皮肤病,竟偶然发现它有疗效。于是农民们纷纷捡拾这种龟甲送到药店当药卖,挣些零花钱。

光绪二十五年(1899 年),一个叫王懿荣的京官因生疟疾,持处方在菜市口一家药铺抓回了中药,发现药包里有一味"龙骨",其实就是刻了文字的甲骨。王懿荣身为国子监祭酒,可不是等闲之辈,他学识渊博,还是位古文字学家,对甲骨上的不寻常刻痕发生了兴趣。他意识到这很可能是一种古老的文字,于是采用多种方式收集这种有特殊符号的"龙骨"1500 多片,并认真地进行研究。应该说，王懿荣是我国历史上发现并确认商代甲骨文的第一人，作为发现者的功绩是永不磨灭的。

甲骨文的研究

1900 年，八国联军攻进北京，王懿荣写下"主辱臣死"的一纸绝命词后，投井自尽。他的大部分甲骨文收藏片被其好友刘鹗买了下来。刘鹗更是花重金到处收购甲骨，并进行认真研究。就在他的《老残游记》开始连载发表的这一年，1903 年 10 月，他从收藏的 5000 余片甲骨中，精选 1058 片拓印成书，这就是著名的第一部甲骨文著录《铁云藏龟》(共 6 册)。刘鹗在自序里，写出了他认出的 40 多个字，这是首批被释读的甲骨文字，开辟了甲骨文研究的先河。刘鹗和好友罗振玉(金石学家)、吴昌绶在《铁云藏龟》的序言中，阐述了他们对甲骨图案的大胆推测：刻印在甲骨之上的是失传已久的文字。在此之前，清末学者所能知道的最早的文字来自周朝，那么甲骨上这些奇怪的图案就应是比周代金文还要古老的文字。中国的上古三朝为夏、商、周，比周早的是商朝，于是他们推断甲骨上的刻痕是"殷人刀笔文字"，即商朝的人用刀刻在骨片上的文字。

如果说王懿荣是甲骨文的发现者，那么编纂《铁云藏龟》的刘鹗则是甲骨文研究的开拓者，真正让甲骨文从单纯的文物收藏，变成古文字研究的重要文献。1910 年，刘鹗因私开皇仓赈济灾民而被清廷流放新疆，并最终客死他乡。

《铁云藏龟》的面世，与罗振玉的大力促进分不开。罗振玉凭借其扎实的朴学考据基础和古碑研究经验,成了甲骨文的重要研究者,后人所言"甲骨四堂"的头一位。此后多年,罗振玉一直为寻找甲骨真正的出土地点奔波,他最终考证出甲骨出土地点安阳小屯村就是殷商都城所在地——殷墟。这里是中国第一个有文献记载的都城殷墟宫殿宗庙遗址,不仅有中国最早的成熟文字甲骨文,还有国内最早的车马坑遗址、最早的女将军妇好墓,还出土了世界上最大的青铜器后母戊鼎。1961 年 3 月,殷墟被公布为第一批国家重点文物保护单位。2001 年,殷墟被评为"中国 20 世纪 10 项考古大发现"之首。2006 年 7 月 13 日,殷墟因具有全球突出普遍价值,以及受到良好的管理与展示,在第 30 届世界遗产委员会会议上被列入"世界文化遗产名录"。

后来,相继投入甲骨文研究的著名学者还有孙诒让、王国维、董作宾、郭沫若、于省吾、唐兰、胡厚宣、王襄等,这些老一辈甲骨文学者都具备非常高的国学素养,从而使甲骨文成为一门系统的学科。由于甲骨文是用刀刻在较硬的龟甲兽骨上的,所以笔画较细,方笔居多,疏密不匀,写法没有统一定型,辨认显得十分困难。1904 年,孙诒让作的《契文举例》是第一部考释甲骨文的著作。之后,学者们运用"由许书以上溯古金文,由古金文以上窥卜辞"的方法,比较分析甲骨文字形的偏旁点画,并通过音韵学、训诂学的手段来考释文字。今天看来,对甲骨文研究贡献最大的应是罗振玉、王国维、董作宾、郭沫若,这四人正是甲骨文研究领域的"四堂":罗振玉人称"雪堂",他先后出版了《殷墟书契》等 6 部甲骨文集;王国维人称"观堂",他不仅把甲骨文当作古代一种字体进行研究，而且从甲骨文的内容上窥出了商代的历史、地理、宗教等多方面情况，以此证实了《史记》《竹书纪年》《山海经》等典籍对古代历史记载的可靠性；董作宾人称"彦堂"，他首先将甲骨文研究纳入历史考古范畴，使甲骨学独立成为中国考古学的一门分支学科，1945年，董作宾编著的《殷历谱》一书，被学术界誉为甲骨文研究领域纪念碑式的著作；郭沫若人称"鼎堂"，他仔细研究了甲骨文中记载的殷商历史，获得了空前重要的成果。

新中国成立后，王襄出任天津文史馆馆长。1965年1月31日王襄谢世，家人遵其遗嘱，把他一生珍藏的1100多片甲骨和甲骨文研究著作、资料等全部献给了国家。现代著名作家、学者、社会活动家郭沫若，更是甲骨文研究大家，他主编的《甲骨文字研究》《卜辞通纂》《两周金文辞大系考释》等，对甲骨文、卜辞和青铜器铭文的研究，贡献巨大。从20世纪60年代起，郭沫若开始主持《甲骨文合集》的编纂工作。他从诸家著录及国内外藏品里汇集的十几万片甲骨拓片、照片或摹本中，经过对重、辨伪、缀合、重拓、补全等整理过程，精选出有研究价值的殷墟甲骨41956片，并以五期断代为纲、22类内容为目编次而成，使《甲骨文合集》成为80多年来集大成的甲骨文巨著，具有很高的学术价值。这部13册的文献典籍，由中华书局出版。

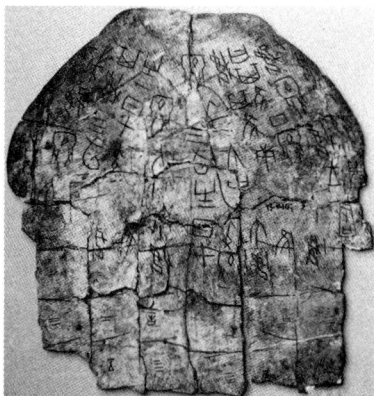

记载甲骨文的殷墟甲骨

解谜甲骨文

商朝人为何要将文字刻在甲骨上呢？专家们研究认为,古代科学不发达,故商代的人很迷信鬼神,商王每次处理国家大事或安排重大事务,都要事先求神问卜,然后再做决定。问卜的方法,即由专职官员用火烤龟甲牛骨,使之产生细微裂纹(称为"兆"),据此判断吉凶祸福。专司占卜的人把占卜内容用文字刻在兆的旁边,甚至把事后应验的结果也刻在甲骨上。世界上关于日食、月食和哈雷彗星的最早记载就是在甲骨文中发现的。

春秋时期,孔子编撰的《诗经·大雅》中,有一段这样的诗句:"爰始爰谋,爰契我龟。曰止曰时,筑室于兹。"这四句话的意思是,择地而居要先做谋划,用龟甲占卜此地是否适宜安居,若卜辞表明,此时此地可以安居,便在此地建筑居室。可见,春秋时期仍然有用龟甲占卜问事的传统。可见,甲骨文是古人与神沟通的信物。

甲骨文的明显特点是象形程度很高,有些字是直接描摹实物的形状得来的。古人为了刻写方便,逐渐把这些图画性的字符改为比较平直的线条。由于是用刀刻写的,圆润的弧线变得尖直起来,象形性减弱,符号化增强,重复多余的部分也被删去。归纳起来,甲骨文的书写风格大致有 4 种类型,即劲峭型、奇肆型、婉丽型和雄浑型。应该说,甲骨文已是孕育比较成熟的文字了。

我们不知道商代的字汇实际有多少,现存甲骨上所载字数已过百万,但大多数文字一再重复。现在所知的甲骨文单字有 4600余个。其中约有 1500 个单字可解,其余的,包括许多人名、地名仍无法释读。因为甲骨文是长期无人使用的古文字,首先就形成了一个天然的难度,尤其是甲骨文时代的器物早已消失了,无从考究,可以说至今仍未被破译的甲骨文,算是"难啃的硬骨头"了。近年来,有研究者利用计算机、大数据等新手段进行文字破译,随着技术的成熟,对甲骨文的研究可望有所突破。

2017 年夏,中国文字博物馆(河南安阳)发布一则"悬赏"公告,称:凡破译未释读的甲骨文并经专家委员会鉴定通过的研究成果,单字奖励 10 万元;对存争议的甲骨文做出新释并经专家委员会鉴定通过的研究成果,单字奖励 5 万元。据称,本次评选旨在鼓励运用云计算、大数据等现代技术与传统研究手段相结合的方式,形成原创性研究成果。天津南开大学历史学院朱彦民教授,长期从事甲骨文和殷商历史的研究工作,他认为,如今破译尚未被解读的甲骨文是一场攻坚战。"哪怕只成功破解一个甲骨文,对历史研究都是意义重大的,比如破解了一个名词或者一个动词,那么就会带活一大批甲骨文书,也就能让我们进一步了解当时的历史。"所以我们希望出台甲骨文研究国家标准,更希望有更多的有志之士继续前人的事业,挖掘甲骨文更多的历史奥秘。

2017 年冬,甲骨文入选"世界记忆亚太地区名录"。"世界记忆名录"是联合国教科文组织的旗舰项目之一,甲骨文的入选,意味着联合国教科文组织关注、公开肯定该文化遗产的世界意义。

第二节　九州鼎立之金文

公元前 13、14 世纪的商朝,人类从石器时代进入青铜器时代。出于祭祀活动的需要,人们将文字铸刻在青铜器上。古人称铜这种金属为"吉金",故称青铜器上的文字为"金文"或"吉金文字",也称"铜器铭文"。此外,金文主要铸刻在钟鼎上,因此又称为"钟鼎文"。古代称青铜器中的礼器为"彝器",故金文又称"彝器款识"。款,刻也;识,记也。后人也将"款识"二字用于书画上,题写"某某款识"之类。所以说,青铜器是金文的主要载体。

商代青铜器的代表作

考古说明,商代的青铜器多饰以饕餮兽纹,饰纹多,铭文少。迄今出土的商代青铜器,最有影响的算安阳小屯村发掘的"妇好"

器皿,数量多,且精致巧妙。

1939 年,安阳武官村吴家柏树坟园,当地农民从地下挖出一个像马槽的铜器,经北京考古专家鉴定,是 3000 年前商王文丁为祭祀自己母亲铸造的方鼎。根据鼎腹里所铸"司母戊"三个字,把它叫作司母戊方鼎。"司母"指司母祠,是祭祀母亲的意思,因为甲骨文与金文的字可以反写,"后"字反写即"司",故有人释"司"为"后"字,实应称"后母戊鼎"。"后"是王后,"戊"是母亲的名字。此鼎十分雄伟美观,工艺高超,体现了商代青铜器的最高水平,重达 875 公斤,高 133 厘米,是我国当前出土青铜器中最重的一件,在世界青铜器中亦属罕见。

西周青铜器之宝

西周有散氏盘、大盂鼎、毛公鼎三大青铜器,其中毛公鼎名气最大,出土于清代道光年间的陕西岐山县。这里确实是个不寻常的地方。这里的百姓经常在田间地头、村前屋后挖出一些青铜器物,许多价值连城的青铜器就是被他们的锄头刨出来的。1849 年大盂鼎带来的轰动还没消散,第二年,在岐山又出土了一件稀世珍宝,仍是一件大鼎,它就是大名鼎鼎的毛公鼎。它高 53.8 厘米,口径 47.4 厘米,重达 34.7 公斤,其重大价值在于铭文,是已发现的青铜器中铭文最多者,共有 497 字,是一篇完整的"册命",记述了周宣王告诫与褒奖其臣毛公厝之词,为周庙堂文字,辞句典雅,可与《尚书》相媲美。后人题跋鼎时便说:"学书不学毛公鼎,犹儒生不读《尚书》也。"现代诗人郭沫若也特别强调说,毛公鼎的价值"抵得上一部《尚书》",足见其珍贵。毛公鼎现存台北故宫博物院。

毛公鼎铭文(局部)

　　散氏盘是西周厉王(前 9 世纪)时期的青铜器,原藏乾隆内府,现藏台北故宫博物院。散氏盘铭文记录了矢(cè)、散两国为避烽火而割地赔偿所采取的外交手段,可谓金文中首个"以土地换和平之契约"。它不但有金文之凝重,也有草书之流畅,开草篆

072

之端。应该说,西周时期铭文书法总体上法度森严,而散氏盘是一特例。厉王时期的社会政局动荡,秩序较乱,反倒使思想有所自由,故书者有了率意。细细品味散氏盘的审美特征,就似有集率意与稳健、稚拙与老辣、空灵与凝重、粗放与含蓄于一体的妙趣。

大盂鼎是周康王时期的青铜器,铭文291字,清代道光年间于陕西眉县出土。通篇铭文字形深厚古朴,是西周金文的代表作。虢叔钟有清代的全形拓本,钟铭末尾有"其万年子子孙孙永宝用享"字样,当为西周晚期享器。

战国时的青铜器虎符

战国时代,争霸战乱迭起,应战争中传达军令的需要,盛行一种兵符——虎符。这是一种特制的青铜器物。新郪青铜虎符,外形似老虎,分成左右两半,上有铭文43字,大意是说:符的左半在秦王处,右半在新郪。发兵在50人以上时,一定要凭拼合的虎符。可见虎符是发兵的凭证。

虎符上的铭文,就是先秦篆字,即最早的金文,也是一种具有特殊用途的金文。它与甲骨文都属于篆字,但两者因书写工具和书写材料的不同,字体风格显得不同。

青铜器铭文的历史价值

从某种程度上说,如果甲骨文是占卜文字的话,那么金文则主要是祭祀文字。铭文的内容主要是一些吉祥、庆功或勉励的词语。金文除了祭祀的记录，还有赐命、诏书、征战、围猎、盟约等活动内容，它反映了当时的社会生活。例如，大盂鼎内壁有铭文291字，其内容是周王对"盂"这个人说的一段勉励的话，说殷代因酗酒而亡，周代则忌酒而兴，命盂一定要尽力地辅佐他，敬承文王、武王的德政。其书法体势严谨，字形、布局都十分平实，用笔方圆兼备，具有端庄凝重的艺术效果，开《张迁碑》《龙门造像》之先河，是西周早期金文书法的代表作。

殷商后期到西周初年，甲骨文已退出历史舞台，金文成了书写主角。因此，金文是上承甲骨文、下开小篆的一种比较成熟的文字，它是汉字发展链上的重要一环，承上启下。其形体结构同甲骨文非常相近，所不同的是，无论在书写材质上，还是字形上，乃至书法上，金文都有了巨大进步。金文大多用模子铸造，铸时先把字刻在模具上，可以细心加工，所以笔画粗壮、圆转，字的大小比较匀称。造字方法比甲骨文先进，形声字已大量产生。我国现存青铜器8000多件，金文单字3000多个，其中2000多字已为今人所认识。

金文的诞生，表明商朝后期的青铜铸造冶炼技术已相当发达，青铜器得以成为当时金文的重要载体。东汉学者许慎在撰著《说文解字》过程中，十分注意搜集、整理金文，他在自序中写道："郡国亦往往于山川得彝鼎，其铭即前代之古文。"可见他的名著直接采用了商周青铜器的铭文资料。

第三节　同书统文之篆书

篆书包括大篆和小篆。可以说，篆书是中国历史上受到政治干预最强的字体，秦始皇统一天下后，下令"车同轨，书同文"，统一全国文字，使汉字统一为小篆，并将原先的籀(zhòu)文称为大篆，于是篆书便有了大小之分。

石鼓文之大篆

大篆即铁腕皇帝统一汉字前的籀文。所谓籀文，得名于《史籀篇》。史籀是周宣王(前827年)的史官太史籀，他编撰的《史籀篇》是一部教育儿童识字的课本，当时颇有社会影响。此书收字223个，所用的字体就被称为籀文。

大篆是由甲骨文演变而来的，很多字与甲骨文很相似。其主要特点是：象形符号进一步失去象形性；笔画线条化，匀称、柔婉；构形较复杂，字形趋于方块，比金文工整。

大篆字体，在今日传世的刻石文字里，以石鼓文最具代表性。石鼓文和《史籀篇》中的字体相同，是中国最古老而又最可信的石刻遗物。石鼓文于唐代年间在陕西凤翔被发现，世称"石刻之祖"，今保存在北京故宫博物院。它是10块鼓形的大石头，被称为"石鼓"。石鼓上刻有记述当年君王游猎盛况的四言诗10首，所刻字体即为秦统一文字前的籀文，亦即大篆，这就是中国最古老的刻石文字——石鼓文。由于文字是刻在10个鼓形的石头上,因此而得名。石鼓文作为文物非常珍贵,在古代战乱中多次丢失,失而复得。抗日战争中为保护这一国宝,又曾在千难万险中将它辗转南迁。宋代司马光父子,现代梁京生一家三代,他们与石鼓文的不解之缘留下了不同的传奇故事。

石鼓文

石鼓文的字体,大致介于周金文与秦小篆之间,应属于籀书的系统。它字体方正均匀,舒展大方,诗韵风格类似《诗经》。相对于小篆而言,石鼓文被称为大篆,可算是大篆的代表作。由于石鼓文字体与诗韵的优美,它受到了历代书法家和文学家杜甫、韩愈、苏轼、欧阳修等的称颂。唐代文人韩愈最先用《石鼓歌》赞誉石鼓文书法为"快剑斫断生蛟鼍"。在宋代,宋徽宗曾命人以黄金充填石鼓文其字,以示其贵重。康有为在其《广艺舟双楫》一文中称石鼓文为"中国第一古物,亦当为书家第一法则也"。石鼓文向来受到书法家的重视与研习,其中尤以清代最盛,例如著名篆书家杨沂孙、吴昌硕就是主要得益于石鼓文而形成各自风格的。

大篆简体成小篆

秦始皇为统一全国文字而开创的标准字体,称为秦篆。它相对于大篆而言,又被称为小篆。战国时期,秦、燕、赵、韩、魏、齐、楚七国相争,各据一方,因而"言语异声,文字异形"。秦始皇灭六国一统天下后,接受了丞相李斯的建议,实行"书同文"政策,大力改革文字,这成就了秦始皇的一大功绩。

许慎在《说文解字序》中记述了李斯这项改革的过程,指出:"斯作《仓颉篇》,中车府令赵高作《爰历篇》,太史令胡毋敬作《博学篇》,皆取史籀大篆,或颇省改,所谓小篆者也。"许慎这段文字说明,小篆是在"史籀大篆"的基础上"或颇省改"而来,并非完全新创,重在整理统一,且由李斯等人分别作《仓颉篇》《爰历篇》和《博学篇》。这三"篇"都是四言韵语,用小篆书写,作为秦篆字体的示范课本,也是教育儿童识字的书,它们上承《史籀篇》,下启《急就》诸篇,开文字书之先河。遗憾的是,当今能见到的古代小篆字体,只有现存的秦始皇东巡时所立的记功刻石以及许慎所作的《说文解字》的9353个。

小篆是由大篆简化而成的,"小"是简化的意思。许慎说的

"省改"就是简化。从大篆到小篆，"省改"的痕迹十分明显。两者有一些共同的特点：笔画匀称，线条粗细一样；写法定型，已不像甲骨文和金文有那么多异体了；定型化的小篆，字形呈长方，奠定了汉字"方块形"的基础；字的大小划一；小篆进一步削弱了汉字的象形视觉，图画意味在很大程度上消失了；小篆使汉字更加符号化，减少了书写和识读方面的混乱和困难。

秦代书同文

秦始皇推行书同文，以秦小篆作为正体，规范六国异文，这在文字学历史上具有非常重要的意义。将书同文以前的汉字与秦篆相比较，可以看出，当时大致采取了如下相应的措施：

一、固定偏旁写法

秦统一前，汉字形体不定的主要原因是偏旁多变，同一偏旁符号有多种写法。秦篆的每一偏旁一般只用一种写法，固定了偏旁书写，就确立了汉字定型的基础。

二、确定偏旁的位置

六国文字的书写，偏旁可上可下，可左可右，变动自由，而秦篆则固定偏旁的位置，上下左右不可随意移动，这为汉字结构定型化创造了条件。

三、废除异体异构

先秦文字常因偏旁更换、结构方式不同或地域的分歧，形成大量同字异体现象，而秦篆则确立一种字体为正体，废除其他异体，从而做到同字一形。

四、统一书写笔画

秦篆以前的古文字，结构变动无定，致使书写笔画繁简不一，而秦篆每一字由多少笔画构成及笔画间的组合方式都得到了进一步确定。

小篆以秦刻石的文字为代表。《泰山刻石》的文字，据说是李斯的手迹，该是标准的小篆。《泰山刻石》也称《封泰山碑》，是秦始皇于公元前219年东巡登泰山时所刻立。现置于山东泰安岱庙，原石后来仅存10字，可见其珍贵。

相传李斯还书写了《会稽铭文刻石》《琅琊刻石》《峄山刻石》等作品。

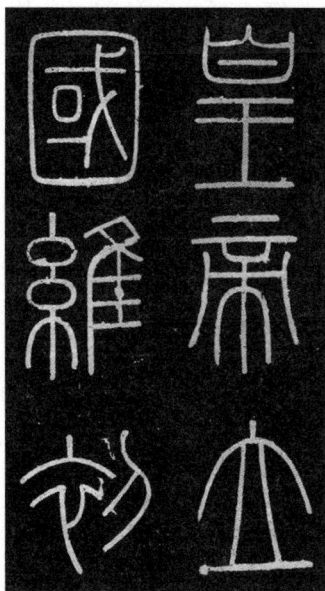

李斯篆书《峄山刻石》（局部）

珍贵的秦陶文

古人制作泥瓦陶器，完工时有物勒工名的习惯，即在成品上记名、记事、纪年等，比如用刻字或戳盖玺印而成陶文，以备考核。陶文以先秦、汉晋、南北朝时期艺术成就为最高。而秦代的篆文，除了近世发掘的竹木简牍，传世的刻石文字和铜器铭文寥若晨星。所幸关中地区在 2000 年以来陆续出土的陶文，既可补秦篆真迹之稀少，亦可展示秦文由大篆向小篆演变并趋向成熟稳定之轨迹。

第四节　隶行天下之隶书

隶书是通行于秦汉时代的文字，故有秦隶与汉隶之分。秦隶又称古隶，实际上就是小篆的一种潦草写法。这种草写隶书是老百姓手头上写的，是民间字体。小篆固然比它以前的文字简易，但它那粗细一样、弯曲圆转的长线条，还是不容易写好的。秦王朝建立后，政务繁忙，公文都必须手抄，官府里那些经办文书的小吏（即职位低微的吏役"徒隶"），为应急求快，便采用民间手头字体，把小篆的圆转笔画改写成了方折，就这样渐渐地把小篆简化了。由于这种字体为徒隶们所方便使用，并通行天下，所以隶书的名称自然形成。

程邈的创造

最早形成系统的隶书,相传是秦朝一个县的小吏程邈(字元岑)所创。他因为某件事犯了罪,被关在云阳县的监狱里,一关就是 10 年。他坐牢无事,就把入狱前常写的民间字体,加以搜集整理,并且潜心研究,去粗取精,一举把小篆化圆为方,削繁就简,"而为隶书三千字",并成为隶书范本。后来他把这种字体上奏,央人献给了秦始皇,以图立功赎罪。范本中许多字都是皇帝所不知晓的,当时皇帝正为"奏事繁多,篆字难成"而烦恼,看到如此简便的字体后,大为赞赏,不但免了程邈的罪行,还提拔他担任御史(监察官),安排他选定汉字,专门从事文字工作。于是,这种当时流行于民间的"隶人佐书"的文字,便从此得到了官方认可,适应了当时大规模公文书写的需要。

汉字发展一大分水岭

秦隶笔画平直、方折的风格,消除了图形的痕迹,使汉字成为真正的符号,以秦权(秤砣)量(量器)铭文为典型代表。汉字从篆书到隶书的演变,历史上叫"隶变",从此奠定了现代汉字形体结构的基础。可以这样说,隶书的通行是汉字发展史上的一个转折点,是字形结构变化的一大飞跃,是古今汉字的一个分水岭。它结束了汉字的古文字阶段,而使汉字进入更为定型的阶段。至于后来的楷书、草书、行书等,都脱胎于隶书。隶变之后的汉字,接近了今天使用的汉字。

秦时篆、隶并用，但隶书还不算正式字体，在比较庄重的场合仍多用小篆。秦始皇到处刻石，用的都是小篆，就是明证。秦隶过去没有见过，1975年《睡虎地秦简》于湖北云梦睡虎地秦墓出土，填补了这一空白。它表明许多字还保留了篆书的结构，但写法上已大大简化。到了汉代，隶书才取代小篆而成为正式的书写体，这就是所谓的"汉隶"，也叫"今隶"。

秦代初创的隶书，由于结构和用笔都还留有一丝篆书的意味，长扁不一，波磔也不明显，故秦隶又称"古隶"。到了东汉，隶书才有了大变化，更趋于工整精巧，结构向扁平发展，笔画出现了雄健的波磔，有"蚕头雁尾"的特征，这是汉隶的独特风格。秦隶唯求简便，而汉隶讲求波磔、美观，晚期汉隶字字有棱角。汉隶风格多样，主要有两种形式：一种以方笔为主，另一种以圆笔为主。

东汉隶书《曹全碑》(局部)

一般认为，汉字从甲骨文演变到小篆，算是一个重要阶段，它属于古文的范畴，故称之为"古文字阶段"，前后历时约1160年。

从秦汉时起，隶书的兴起和使用，开始了今文字阶段，也可称之为"隶楷阶段"，从秦隶到汉末的楷书，直至现代汉字，至今已经2200余年。从古文字到今文字，汉字的形体结构变化很大；然而从隶书演变为楷书，再到现代汉字，在形体上却没有太大的变化。可见，隶变是汉字演进中的一个关键阶段。

如今，隶书作为通用字体的地位虽已被楷书所代替，但它作为一种艺术字体，还拥有顽强的生命力。

第五节　书法楷模之楷书

楷书是从隶书演变而来的。因其形体方正而可作书法楷模，故名。它又叫"正书""真书""今隶"。正如蒋勋先生在《汉字书法之美》中所说："'楷书'之'楷'，本来就有'楷模''典范'的意思。"楷书笔画简爽，便于书写，一改汉隶"一波三折""蚕头雁尾"和形式扁方的字体，而为笔画平直、结构方正，成为一种成熟的笔画文字。楷书从创立之始，就取代了隶书的正统地位，因此一直流传至今，成为当今汉字的通用字体。人们的长期使用，证明它是实用性与艺术性结合较好的一种书体。

开创与发展

关于楷书的开创者，众说不一，比较突出的说法是由东汉王次仲首创的，但那是离奇的神话传说，似不可信。不过，在现存实物中，只有三国时期魏人钟繇的《贺捷表》的法度，可称为楷书之祖。楷书虽经钟繇大致定型,但从《宣示表》等楷书作品来看,钟书结体扁平,捺脚波磔尚保留有隶书的笔意。钟繇为辅助曹魏创业和建国的重臣之一,官至相国。他从小苦练书法,师法蔡邕、刘德升等人,博采众长,尤精隶楷。张怀瑾称他"真书绝世","秦汉以来,一人而已"。钟的正书小楷多见于宋代的丛帖之中,其《荐季直表》有墨迹,清初入内府,乾隆帝曾把它刻入《三希堂法帖》内,并题了"书法鼻祖""无上神品"等字。因此,钟繇堪称中国历史上第一位楷书书法家。

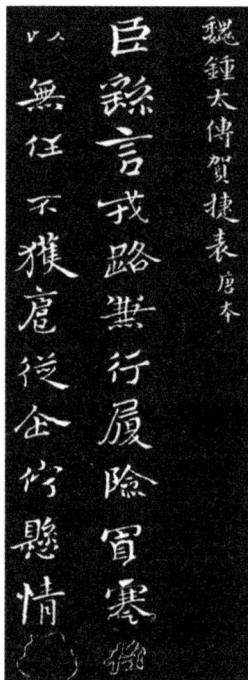

钟繇楷书《贺捷表》(局部)

两晋南北朝是楷书发展的勃兴时期,东晋的王羲之及其子王献之可称为这一历史时期楷书书法家的代表。王羲之在书法史上是一位传奇人物,幼时即在表姑卫夫人的指导下学习钟繇的楷书,后来博涉群家,达到了很高的水准,为突破魏晋以来真书的"古质",在笔画、结字和风韵各方面加以变革,使楷书的字体书态趋向匀称、俊俏、挺拔,多姿多彩。王羲之传世作品有《乐毅论》《黄庭经》等。王献之书写楷书《洛神赋十三行》等。

　　隋朝承袭了魏晋的余风和六朝的风格,清理了文字书法的用笔与结体之理,做了一番较大的加工,因此隋代的楷书越来越精严规范,隶意随之消失,楷书成为一种极其规范化的标准书写体。楷书到了唐代,出现了繁荣的新局面。

唐楷的风范

　　1000 多年来,唐代的楷书彻底代替了此前的汉代隶书,成为书写汉字的新型典范。大唐在一统天下、结束南北朝之后,唐初书家不少出自南朝系统。代表北方政权的唐太宗,在书法美学上却以南方书写为崇尚向往的对象,使北方与南方的书风在刚强与委婉之间,找到了融合的可能。唐楷书法彻底消除了南北朝时尚存的隶书笔意。唐初的欧阳询是建立楷书典范的早期人物之一,他的《化度寺碑》《九成宫醴泉铭》,横平竖直,结构规矩,成就了唐楷的一种全新的书体。楷书的"楷",本来就有"楷模""典范"的意思,而欧阳询的《九成宫醴泉铭》更是"楷模"中的"楷模"。九成宫原是隋文帝杨坚的避暑行宫仁寿宫,唐太宗重修而成新建筑。山有九重,宫殿也命名为"九成"。太宗又在此发现了甘泉,泉水味美如酒,故称"醴泉"。宫成,太宗命魏徵撰文,欧阳询书石,刻碑纪念,这就是影响后世书法千年的《九成宫醴泉铭》,当时欧阳询已 74 岁高龄。

欧阳询楷书《九成宫醴泉铭》(局部)

　　唐代楷书名家迭出。除欧阳询、虞世南、褚遂良、薛稷并称"初唐四家"外,中唐又有颜真卿以方正宽博、厚重雄健创新,《颜家庙碑》是颜真卿一生中最辉煌的巨作,也是其楷书绝笔;晚唐还有柳公权以遒媚劲健、骨瘦有力的"柳骨"媲美于"颜筋",世称颜、柳、欧、赵(赵孟頫)为"楷书四大家",他们所书楷体分别被世人公认为"颜体""柳体""欧体"和"赵体"。唐楷的独特风格已经形成,使唐人楷书迈上了历史的新高峰。

习楷之要义

历代习楷的人,大多以颜、柳两体为范本。可以说,在汉字发展史上,颜体和柳体发挥了不可替代的重要作用。清末民初一位传奇人物谭延闿,24岁科场高中会元,辛亥革命后,得孙中山倚重,后来官至国民政府主席。此公被世人评说"私德无愧""政绩平平",但"古茂挺秀的书法,确有所长",当年还被评说为从民国以来"写颜体的人无出谭延闿之右者"。可见谭延闿从小习练颜柳字体卓有成效。

楷书自汉末兴起,至今已有1700多年。楷书字体端正秀丽,易写易认,一直是历代正规使用的典范文字。从楷书伊始,汉字的笔画形式和方块字形,均已基本定型。楷书在当今也是图书报纸印刷用字的一种主要字体。

第六节　龙飞凤舞之草书

无论哪一种字体总要便于书写,书写中还要求有一定的速度,所以形成了一种快写体,即为"草书"。

草书要求写得便捷,笔画就变得简单。草书是汉字中最为简约的书体,草书的"草"字,象形如乱草,本就含有草率的意思,一开始就是为了发挥速写的功能,草草写成,因此笔画省略潦草,自然不可能工整,顾名思义而为草书。随后,草书在长期使用中逐渐规范化,笔势"龙飞凤舞",从而演变成草书艺术。

东汉崔瑗在《草书势》中说:"草书用于卒迫。"这大概就是草书之称的由来。草书起于何时,历史上说法不一。有人认为草书自战国始,因为《史记》中说:"战国时,楚怀王使屈原造宪令,草稿未上,上官氏见而欲夺之,盖草书之祖起于此。"但此种草书只能说是古篆的草写体,并非真正意义上的草书。草书的起始,一般还是赞同汉初之说,东汉许慎在《说文解字》序中说:"汉兴有草书。"

草书有多种,例如篆草、隶草、藁草、章草、今草、狂草等等,但最主要的还是章草、今草和狂草三种。

所谓章草

最早的较为规范的草书是章草,它从汉隶演变而来。章草始于西汉,盛于东汉、西晋,一直延续至东晋中叶。从汉初木简书迹可见,那时的章草实际上就是以草书作为一种字体,旨在便于书写,追求书写的速度。大书法家杜度的出现是章草形成的标志。西汉元帝时,史游整理编撰了《急就章》,使这一新书体开始规范化,从而有了章草书体的范本。章草书体的特点是字字独立,不像后来的今草字字扭结纠缠。其笔画特点是圆转如篆,点捺如隶,一字之内,笔画缠绵连接,笔画的粗细轻重变化较大。一直到东汉的张芝,章草字体才臻于成熟,至魏晋而登峰造极。

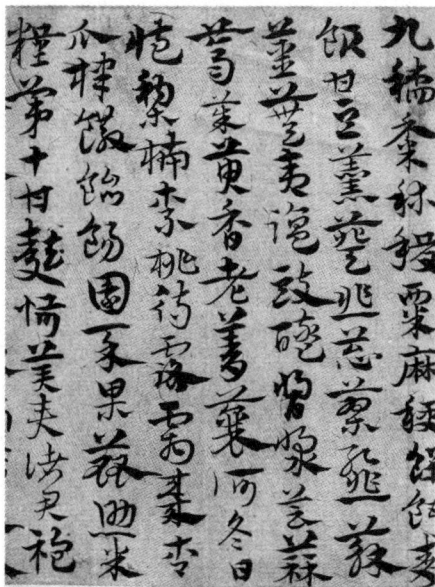

宋克章草书法《急就章》(局部)

章草的得名,说法不一,主要有以下几种:

一、章草兴于汉章帝

唐韦续在《五十六种书》中说:"章草书,汉齐相杜伯度援藁所作,因章帝所好,名焉。"

二、与章奏有关的说法

唐张怀瓘在《书断》中说:"盖因章奏,后世谓之章草。"

三、起草章程用的书体

起草章程用的书体,叫"章程草"或"章表草",意在其中。

四、西汉史游作《急就章》而得名

"急就"就是速成的意思。

以上四种说法，似乎第一种更被后人认可，理由也最充分。

章草省掉了隶书的蚕头，却保留了燕尾。这燕尾的重笔挑出对于快速书写是不方便的，因此章草的历史地位逐渐被今草所取代。

所谓今草

今草亦称"小草"，即现今所通行的草书，也是当今一种重要的辅助字体。它是对章草的革新，在章草的基础上，结合楷书写法发展而来。今草始于汉末，相传为张芝所创。三国魏书法家韦诞说："芝学杜度，转精其功，可谓草圣，超前绝后，独步无双。"今草不再含有隶意，笔画连带，每字相呼应或连缀。字体或大或小，或长或扁，或方或圆，自由灵活，书写比章草更简捷，一气呵成，一字可有多种写法。

到了东晋，今草的发展达到了高峰。王羲之兼擅真、行、草各体，世称王羲之为"书圣"。王羲之变革张芝今草的写法，融楷体、行体书法于草书，别具一格，后世称之为新草。王羲之传世今草作品较多，有《丧乱帖》《得示帖》《初月帖》《寒切帖》《秋月帖》《行穰帖》《十七帖》等。其子王献之继承父书，并有所发展，与其父并称"二王"，享誉书坛。王献之的传世今草有《鸭头丸帖》《十二月帖》《中秋帖》《江州帖》等作品。

所谓狂草

今草进一步发展，就形成更加狂放的狂草。其"狂"说明了这种草书的特点,笔势如行云流水,龙飞凤舞,上下贯穿,连绵不绝。狂草字形变化繁多,往往难以辨认。草书本来足以表现个人的性灵、气质和学养,但狂草的疾速诡奇、恣意纵横,用笔之活、变化之巨,已到出神入化的境界,完全脱离了记录语言的实用意义,而成为一种纯粹的艺术形式。

狂草的代表人物为唐代张旭。张旭系唐吴郡(今苏州)人,官至金吾长史,故称张长史。他是颜真卿的老师。张旭善吟诗,长于七绝,与李白、贺知章、李适之、李琎、崔宗之、苏晋、焦遂合称"酒中八仙"。杜甫《饮中八仙歌》写道:"张旭三杯草圣传,脱帽露顶王公前,挥毫落纸如云烟。"这是对张旭嗜酒狂放的画像,也是对他不为名利、不畏王公大人的高尚人格和精湛书艺的赞美。

唐文宗对张旭草书给予了极高的评价,称张旭草书、李白诗歌、斐旻剑舞为"三绝"。韩愈在《送高闲上人序》中评论张旭草书说:"往时张旭善草书,不治他技……天地事物之变,可喜可愕,一寓于书。故旭之书,变动犹鬼神,不可端倪,以此终其身而名后世。"就这样,张旭把草书升华到极高的艺术境界。他的字态似怪也不怪,关键在于点画用笔完全符合传统规矩。他用传统技法表现自己的个性,书法博大清新,纵逸而豪放。张旭的书法代表作有《肚痛帖》《古诗四帖》等。

随后,唐代高僧怀素继承了张旭的狂草风格,谓之"以狂继颠",并达到了与张旭相同的水平。传说怀素和尚独好"酒肉穿肠过"(《食鱼帖》所书的内容足以证明)的生活。其实张旭与怀素二人都嗜酒,好狂饮之后奋笔疾书,如醉如痴,不分墙壁、衣物、器

张旭狂草《肚痛帖》

皿,均任意挥洒书写。世称张旭为"南颠",怀素自号"醉僧",世谓"颠张醉素"。据说怀素和尚在他住的寺院里种满了芭蕉,每至夏日,将蕉叶摘下晒干当纸写字。怀素写字非常刻苦,由于敬畏笔墨,写秃了的毛笔他绝不随便丢弃,而是恭恭敬敬地埋在土里,成为一个个大土堆,颇似坟冢,人称"笔冢"。人们形容怀素的草书"如壮士拔剑,神采动人"。他存世的草书墨迹很多,著名的草书作品有《东陵圣母帖》《论书帖》等,是含章草笔意的优秀作品;《苦笋帖》《千字文》和《自叙帖》均为狂草。《自叙帖》为墨迹本,神采飞扬,变化莫测,一直被世人所看重。除《自叙帖》外,纸本墨迹的《食鱼帖》也是传世千年的精品佳作。

宋代黄庭坚不仅擅长行楷,草书也写得极好,且有很大的创造性,到晚年,甚至达到了可以同张旭、怀素并驾齐驱的地步。他的草书不但在宋代无与伦比,元明300年间也无人可以匹敌。黄庭坚的草书成就,走过艰苦的探索道路。他自己说:"元祐间书,

092

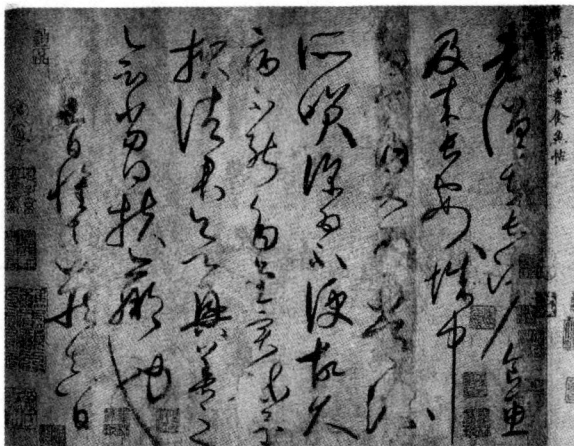

怀素狂草《食鱼帖》

笔意痴钝,用笔多不到。晚入峡,见长年荡桨,乃悟笔法。"南宋时期诗僧释居简评说:"山谷草圣,不下颠张醉素,行楷不逮也,然皆自成一家。"明代大画家沈周亦说:"山谷书法,晚年大得藏真三昧,笔力恍惚,出神入鬼,谓之草圣宜焉。"

第七节　真真草草之行书

行书是继草书、楷书之后出现的一种书体,古人说它"非真非草,亦真亦草",是介于楷书与草书之间的一种书体。它既有楷书便于记认的优点,又有草书便于书写且飘逸俊秀的特长,真可谓体现了"杂交"的优势。总之,它比楷书流动、率意、潇洒,又比草书的笔画规范,易认好写。行书的点画常强调游丝引带,而笔锋运转明快自然,好似行云流水一般。行书兼具楷书的规矩和草书的流动,字体整饬。对此,古代书法著作讲得很清楚。

行书备受赞美

行书面世,很快流传,并备受书家赞美。唐代书法家、书论家张怀瓘在《书断》中说:"行书,即正书之小伪,务以简易,相间流行,故谓之行书。"他又在《书议》中说:"夫行书,非草非真,离方遁圆,在乎季孟之间。兼真者谓之'真行',带草者谓之'草行'。"

宋代《宣和书谱》中也说:"自隶法扫地,而真几于拘,草几于放,介乎两间者,行书有焉。于是兼真者谓之'真行',兼草者谓之'行草'。"

综上所述,说法都是一致的,不外说明这样几点:

一、行楷与行草的界定

凡与楷书相近(兼真)的行书叫作"真行",亦叫"楷行"或"行楷";凡与草书相近(兼草)的行书叫作"草行",亦叫"行草"。

二、行书的独特风格

行书的笔画形式既不像楷书那么拘谨,又不像草书那么纵放,书写较为简易。

清代文学家刘熙载在《艺概》中说:"行书行世之广,与真书略等,篆、隶、草皆不如之……盖行者,真之捷而草之详。"刘氏是说行书流行的广度几乎与楷书相同,而篆、隶、草都不如它;行书写起来要比楷书快捷,比草书详明,故而为人们所普遍接受。

"天下行书第一"者

相传,行书是东汉桓帝、灵帝时的一位书法家刘德升所创。

说刘德升是创造者,只不过是他在这方面率先做过较大贡献。晋朝大书法家王羲之的楷书、草书写得都很棒,行书尤其出名,因此后人尊称他为"书圣"。王羲之最著名的行书字帖,是1200多年前写成的《兰亭集序》。永和九年(353年),王羲之正在会稽内史任上,三月三日,他应友人之约,来到绍兴会稽山阴之兰亭聚会,时称"修禊"或"雅集"之会。当时谢安、谢万、孙绰、王献之等一批文人名士和高僧共42人(包含王羲之)与会,饮酒吟诗,共得诗37首,集结成册,并推王羲之为此诗集作序。于是,王羲之在现场一气呵成,写下了千古绝唱《兰亭集序》,即为此诗集的序言。全文共28行,324字,章法、结构、笔法巧夺天工,字体潇洒流畅,生动记述了兰亭周围山水之美和聚会欢乐之情景,文章清新自然,虽多用骈句却并不拘谨呆板。其中有20多个"之"字,写法各有变化,无一雷同。其整体书法之美,世称"千古一帖",宋代大书家米芾称之为"天下行书第一"。

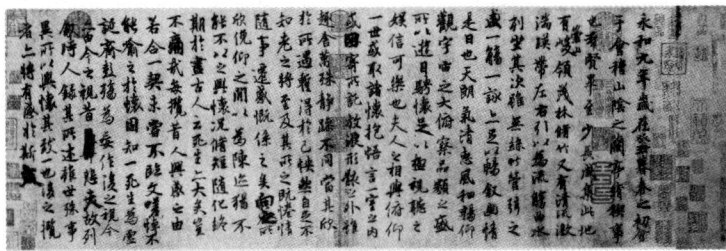

王羲之《兰亭集序》

《兰亭集序》是王羲之最具代表性的作品,可谓天质自然、风神盖代。据后人推测,《兰亭集序》很可能是王羲之在微醺之后的一幅作品，手稿中保留了不少他酒后涂抹和修改的痕迹。相传王羲之后来又写了几遍，都不及第一遍写得好。他感叹道："此神助耳，何吾能力致。"因此他自己也十分珍惜，把它作为传家之宝，一直传到第七代孙智永。智永和尚继承了王羲之的衣钵，勤于书法，临终前将《兰亭集序》墨迹传给了博学的弟子辩才。

传说唐太宗李世民非常喜欢《兰亭集序》的字体，为了得到这本帖的真迹，曾重金悬赏未果，便派人四处寻找。最终监察御史萧翼装作落魄书生到永欣寺卧底，取得辩才和尚的信任，而后偷走了《兰亭集序》，致使辩才怒火攻心，一年后便在忧郁中离世。

唐太宗得到《兰亭集序》后，爱不释手，临终时还嘱咐要放进他的坟墓陪葬，因此真迹失传。现在见到的《兰亭集序》字帖，都是别人临写，刻在石碑上又拓印下来的。所谓"此书虽向昭陵朽，刻石犹能易万金"，意思是说，这书法真迹虽已进唐太宗墓穴昭陵里烂掉了，但它的刻石拓片还能换得万金。可见其价值了。

《兰亭集序》自问世以来，一直受到各朝代不同阶层的一致推崇，清代乾隆皇帝对它更是钟爱有加，不仅终生临写，还珍藏了8卷堪称精品的《兰亭集序》摹本。公元1779年，乾隆对圆明园内的"坐石临流亭"进行改建时，命人将景区的8根木柱改为石柱，并将他最喜爱的8卷《兰亭集序》摹本分别刻在8根石柱上，成为有名的"兰亭八柱"。圆明园被毁后，1941年，"兰亭八柱"被移到了中山公园，至今仍能见到这珍贵的文物。

王羲之的儿子王献之在行书方面同样有成就，在此要特别推介他的一幅重要墨本《廿九日帖》。此帖同流传的王献之其他书迹有很大不同，突出的是在书体上呈楷、行、草三者混杂，这些字放在一起倒觉得很协调。这种独特风格，可与北朝被称为"北魏书体"的《始平公》等媲美，但它要早100多年。

北京故宫里有一个三希堂，内藏有王羲之与其子王献之，以及其侄王珣三位大书法家的字帖，即羲之的《快雪时晴帖》、献之的《中秋帖》、珣的《伯远帖》，故三希堂的意思就是存放这三种"稀世珍宝"的地方。这是清朝乾隆皇帝因非常喜欢王氏一门的字体而特意安排的书艺场所，名曰养心殿书房。现今还可去这里参观游览。这三件珍宝除《快雪时晴帖》现藏中国台北故宫博物院外，另外两件现在均藏于北京故宫博物院。

"天下第二行书"者

唐代大书家颜真卿亦善行书，他的《祭侄季明文稿》，曾被元代书法家鲜于枢评为"天下第二行书"。有人将此帖同王羲之《兰亭集序》并称为世之"双璧"。该帖234字，字字挺拔，笔笔奔放，渗透着颜氏豪放炽热的情感。其著名行书作品还有《争座位帖》《刘中使帖》等，为历代书家所颂扬。

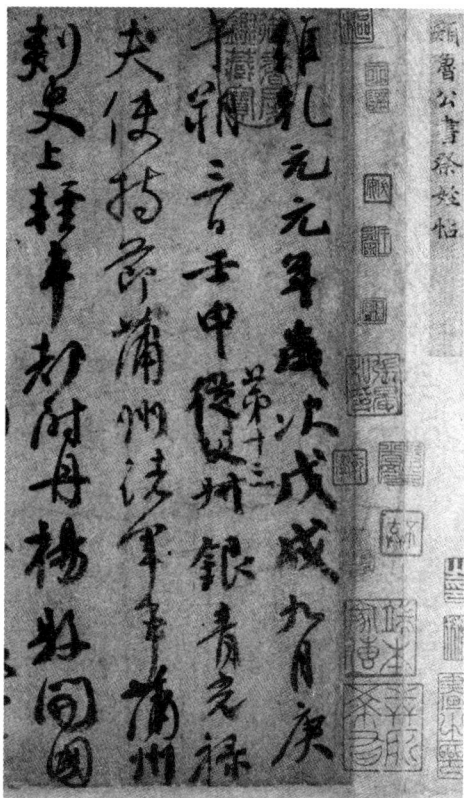

颜真卿行书《祭侄季明文稿》(局部)

"天下第三行书"者

行书到了宋代，出现了新面貌。最能代表宋代风格的书法家是苏轼、黄庭坚、米芾和蔡襄，世称"宋四家"。值得一说的是苏轼《黄州寒食帖》，它是继东晋王羲之的《兰亭集序》、唐代颜真卿的《祭侄季明文稿》之后，被称为"天下第三行书"的经典法帖，是苏轼被贬黄州第三年在寒食节的遣兴之作,成了他一生中行书的代表作。

自我来黄州,已过三寒食。年年欲惜春,春去不容惜。
今年又苦雨,两月秋萧瑟。卧闻海棠花,泥污燕支雪。
暗中偷负去,夜半真有力。何殊病少年,病起头已白。
春江欲入户,雨势来不已。小屋如渔舟,蒙蒙水云里。
空庖煮寒菜,破灶烧湿苇。那知是寒食,但见乌衔纸。
君门深九重,坟墓在万里。也拟哭途穷,死灰吹不起。

公元 1082 年,宋神宗元丰五年四月初四,这天是寒食节,黄州下了一场大雨,苏东坡从宿醉中醒来,望着窗外的雨丝,突然有了写诗的冲动,留下了行书《黄州寒食帖》,今收藏在中国台北"故宫博物院"。这帖乍看,字体并不漂亮,但它抑扬顿挫,气韵生动,酣畅淋漓,其内心情感的变化完全透过笔墨线条跃然纸上。这"平淡随意"的笔迹正是苏东坡书法的特点,与强调法度的唐书相比,绝然两途,唐代楷书端庄严整的执守在宋代被化解。"卧闻海棠花,泥污燕支雪"两句中,"花"与"泥"两个字彼此牵动,由花变成泥,正映照着苏东坡跌宕起伏的生命历程。在苏东坡看来,泥土并不肮脏卑贱,这是饱经忧患的他,在 46 岁时的人生了悟。

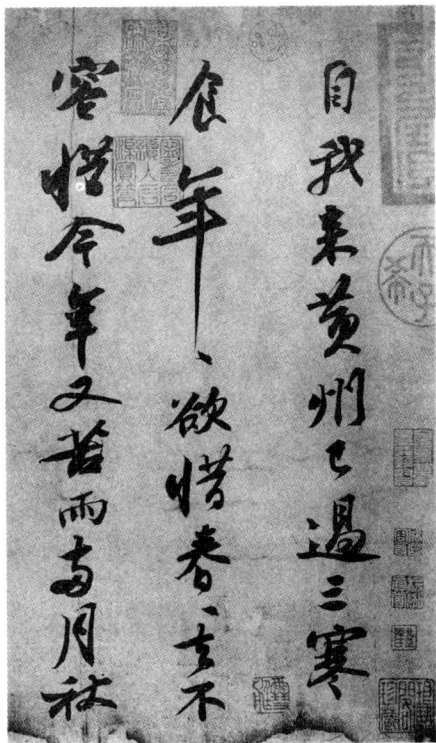

苏轼行书《黄州寒食帖》（局部）

元代行书代表作《洛神赋》

《洛神赋》是元代著名画家、书法家赵孟頫所写的书法长卷。赵氏的绘画创一代新风，他的绘画气度非凡，明代文学家、史学家王世贞曾说："文人画起自东坡，至松雪（赵孟頫）敞开大门。"而其书法更是元代第一人。

《洛神赋》是赵孟頫行书的代表作，行中兼楷的结体、点画，深

言斯水之神名曰宓妃感宋玉對楚王神女之事遂作斯賦其詞曰

赵孟頫行书《洛神赋》(局部)

得二王的遗意,尤其是王献之的运笔、密中有疏的布局等;同时又呈现自身的艺术追求,像丰腴的点画、轻捷的连笔、飘逸中见内敛的运锋、庄美中具俯仰的气势,都显现出赵孟頫博采众长而又自成一体的艺术特色。

赵孟頫一生写了很多关于秋的信札和文赋,绘画中也有"秋"的作品。目前可见的关于"秋"的札本有《深秋帖》《新秋帖》《秋兴赋》《秋声赋》四种。《深秋帖》是赵氏替夫人管道昇代笔之作,给娘家婶婶的家信,现藏于北京故宫博物院。此作结构错落有致,每一处的起笔、停顿、运势,都有其章法,却又化章法于无形,可见其艺术技巧达到了炉火纯青的境界。

第八节　汉字书写与书法

汉字三要素,要求字义精准,有规范读音,随之而来的一个问题就是形体的规范书写。

毛笔字的书写与书法是两个概念,有区别,也有联系。前者属于正字范畴,后者则属于艺术范畴。写字和书法虽不是同一概念,但两者之间并不存在不可逾越的鸿沟。前者是后者的基础,后者则是前者的发展和提高。书写重在应用,所以书体有限,多用现代通行的楷体、行体,甚或行草,旨在便于交流,易于为广大读者所认识;而书法则重在欣赏,陶冶情操,所以书体不受限制,上自甲骨文,下至现代狂草,这些都是中华文化的精粹,全是书家艺术操练的对象。有人说,今天推行的简体字不适宜书法,笔画少难以美观。这是不正确的观念，简体字的书法更可欣赏它的简约之美，佳作都可成为展藏的艺术品。总之，书法虽说是艺术，但仍然是书写，两者都要勤学苦练。

中国人习书，自古就讲究书写工具，即所谓"文房四宝"：笔、墨、纸、砚。笔有湖笔、宣笔，大小由之；墨有徽墨；纸有宣纸，可书可画；砚有端砚、歙砚等，大有上品可选。

古人研习书法的论著特多，有讲运笔的，有讲结构的，有讲风格特点的，有讲气韵的，有讲碑帖之别的，有讲师承关系的，在这浩瀚的书海中，几乎无所不有。它们对继承巩固传统书法艺术起到了钩沉作用，对现代书法创作与创新产生着极大的影响。即使在钢笔、圆珠笔取代毛笔，甚至在无纸化办公已成发展趋势的当今，看看那些一直在热卖的硬笔字帖，就知道"字如其人"的观念在中国人心目中多么深入。

学书有规可循

无论书写还是书法，其写字的基本规律是统一的。写字有规律可遵循。书写是依照循序渐进的规律练习的，有计划、有重点、有步骤地进行，即先练正楷，先写大字，先选一帖，坚持练习，再练其他书体就不难了。楷书是现代书面语言的主要工具，也是草书与行书的基础，所以写好楷书很重要。只有按横平竖直、架构均衡的规矩，开始一笔一画地练，才能把字写端正；写大字不仅能体会到运笔的精微，还能锻炼悬腕、悬肘的功夫。总之，临帖（碑）是入门，楷书是基础，笔法是关键，守正方可创新，勤学苦练才能到达彼岸。

一、习字的"永字八法"

习书者为准确把握笔画,都想找一条捷径,这捷径早已反映在"永字八法"中,这是古人的一项创造,是毛笔书写用笔的方法。唐代张怀瓘论述书法,常以"永"字为例,因"永"字具备八种笔法。此法相传是晋代王献之总结出来的。传说王羲之去世后,他的儿子王献之在悲痛中梦见父亲骑鹅徐徐飞上天空,并随身带走了他喜爱的"文房四宝"。献之急忙呼唤父亲,问:"父留何物予我?"王羲之边飞边回答道:"留汝一滴水,得之垂千古。"王献之醒来,悟出"一滴水"原是一则字谜,谜底即是"永"字。于是细心琢磨,在继承父亲书法技艺的基础上,创造出写字要领——"永字八法"。

这个故事当然是一个启智的美好传说,说明创造"永字八法",王羲之父子有重要的功劳。窃以为"永字八法"除了宣扬王氏父子对书法所做的贡献外,更有历代书法家归纳整理隶书、楷书的基本笔画写字法,一共八个方面,即侧(点)、勒(横画)、努(直笔)、趯(钩)、策(仰横)、掠(长撇)、啄(短撇)、磔(捺),括号内文字是今人的称呼。这些笔画在"永"字结体中都有,故名之。"永字八法"已得到古今文人的认同,它所提示的这些笔画已成规范,对帮助现代人学习楷书具有重大的意义。大书法家颜真卿曾为"永字八法"特地撰写了《八法颂》:

　　侧,蹲鸱而坠石;

勒，缓纵以藏机；

努，弯环而势曲；

趯，峻快以如锥；

策，依稀而似勒；

掠，仿佛以宜肥；

啄，腾凌而速进；

磔，抑趙以迟移。

"侧"——以点作侧势，产生出动感，不论当头点、连缀点，还是左右分布的点，都应在动中求贯串和照应，上下一气，左右逢源。《八法颂》说"侧，蹲鸱而坠石"，一"蹲"一"坠"把"点"描述得淋漓尽致。蹲着的猫头鹰一闻声便振翅飞扬，使之如高峰坠石，此比拟实乃气势磅礴。

"勒"——若是像一匹脱缰的骏马，那就无可奈何了。当一缰在握，那神威就会随人意了。"缓纵"是先勒紧而后放开。"藏机"即用藏锋的运笔方法。横画是左冲右突的水平趋向，那种平而不平、不平而平的气势呈现，就要看对"勒"的把握。欲纵之，先擒之，一张一弛，张弛间自存机杼。管他是长横短横、上仰下覆，还是一笔独到、众画齐列，何患"开张天岸马"的气势不出腕底！

"努"——同"弩"，是绷紧弦的弓，挂上机的弩有一触即发的态势，要撑得起，顶得住！努，本为竖笔，此说弯环，即竖不宜直，应以陡快的笔锋书之。

105

"趯"——踢也,飞起一脚,来势迅猛。

"策"——如若挥鞭,末梢凌空,疾风劲扫,超落有声。策与勒有长短之分,而用笔相差不多。

"掠"——似饥鹰捕食,居高临下,待机俯冲,扶摇疾驰。

"啄"——重在促"趯",沉稳凌厉。有腾凌如跳跃的形状,欲行不行。

"磔"——如轻舟荡桨,随波优游。

"永字八法"是书写之纲纪,有必要认真领悟。

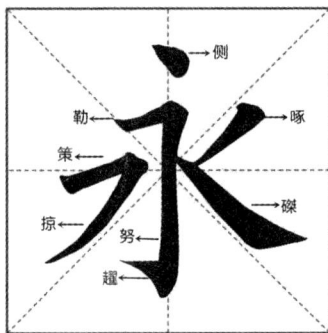

永字八法

二、楷书的基本笔法

楷书的基本笔画有点、横、竖、撇、捺、钩、提、折八笔。这八种基本笔画演变成数十种笔画,构成汉字。因此,熟练地掌握这些基本笔画的书写技巧,就能学好毛笔字。写好笔画主要得弄清起笔、运笔、收笔的方法,这些方法主要是提、按、顿、挫。

至于运笔的方法,有藏锋、露锋、中锋、折锋、回锋等10多种,其中最基本的是方笔和圆笔。结体就是安排间架结构,结体之法在古书中有天覆、地载、让左、让右等 80 余种。这些规律是历代书法实践的结晶,有必要反复钻研,熟练掌握并形成习惯。只有这样,才会得心应手,写出一手优美的毛笔字。毛笔字写得好,硬笔写出的字也一定不会差。

三、写字讲究笔顺

写字的笔画顺序,通称笔顺。像"一"字只有一画,除了从左向右写出一横,无所谓笔顺的问题。但绝大多数汉字不止一画,哪一笔先写,哪一笔后写,都有讲究。在早年,倘若写字不按笔顺,就叫"饾笔"。此"饾"字源自古代木刻水印套色饾版的旧称,即多块印版拼凑成幅而后印刷,有如饾钉,故称饾版。写字"饾笔",就是随意拼饾笔画的意思。按照笔顺规则写字,可以提高书写效率,不会把字写错,还能把字写得好看。写字如果不依笔顺,就会感到不方便、不自然。

国家有关部门 1988 年发布《现代汉语通用字表》(简称《字表》),规定了汉字的字形结构、笔画数和笔顺,7000 个汉字的排列中隐含了每个字的笔顺。

著名学者林成滔先生在其著作中曾介绍一首《写字笔顺歌》,颇有韵味,有助于记忆,很有指导意义,值得学习并记住它。

写字应当讲笔顺,掌握要领笔有神。

先横后竖上到下,先撇后捺左右分。

从外到内记得住,进了屋子再关门。

现在按歌的内容举例说明之：

先横后竖　　　　十：一　十

先上后下　　　　亏：一　二　亏

先撇后捺　　　　入：丿　入

先左后右　　　　相：木　相

先外后内　　　　问：门　问

先进屋再关门　　国：门　国

可以想见，只有少数字，像"二""三""十""人""入"等，使用单一的笔顺法则，绝大多数汉字必须综合运用好几种。例如"范"字，就要运用先横后竖、先上后下、先左后右等多种笔顺法则。

上述笔顺的运用，应该说是比较单纯的规则。有许多字的笔画结构比较特殊，笔顺就必须有所调整。就是说，并非一定"先横后竖"，有可能"先横后撇"，例如"厂""戊"等；或者"先撇后横"，例如"千""升""重"等；或者"先撇后竖"，例如"化""延"；等等。这些字的书写，笔顺就因笔画结构不同而异。

还有的字是下包上的结构，应按先上后下的顺序书写，例如"凶""画"等。至于左右包中的结构，如果中间部分突出，其笔顺应该先写中间，后写两边。写两边时，还应遵循"先左后右"的原则。例如"小"字，就是这样的写法。

还有许多字是左下包右上的半包围结构，如果左下是"之"或"辶"，一般先写右上部分，后写左下部分，例如"廷""边""造"等。其他的左下包右上的半包围结构字，如"题""超"等，一般是按照先左下而后右上的顺序书写。

一般来说,笔顺指楷书笔顺,《字表》规定的也是楷书的笔顺。虽说笔顺规则并非硬性规定,但它是前人在长期书写实践中总结出来的有效经验,是一种约定俗成的书写习惯,笔顺是笔势走向的必然结果。因此,我们应该继承发扬。

写字的间架结构法则

汉字呈方块形,光讲笔画、笔顺,还难以写成美观的方块字。

汉字繁多,千姿百态,笔画多少不一,偏旁多样,写字时必须把一定的笔画和偏旁装进一个方框里,并使之均衡、美观,这就要求处理好"间架结构"问题。

一、何谓"间架结构"

间架结构,是指每个字的笔画之间、偏旁之间的搭配关系,即各部分比例大小的组织原则,亦即笔画的组合规律。具体地说,就是处理好笔画的长短、粗细、疏密、争让、顿挫、俯仰、伸缩和偏旁的宽窄、大小、高低、主次、斜正、背向等多项矛盾。把这些矛盾处理妥当了,笔画和偏旁便都各得其所,整个汉字自然成为和谐的统一体。从这个意义上说,汉字的间架结构乃是正确处理上述矛盾的法则。

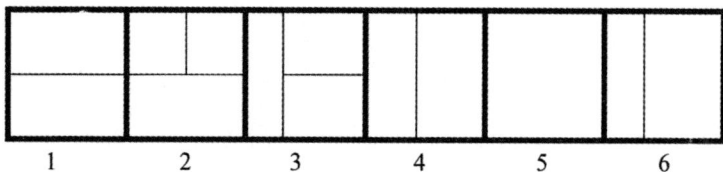

1	2	3	4	5	6

1.吕、旨

109

2. 想、望

3. 腊、语

4. 顺、腰

5. 门、国

6. 汉、化

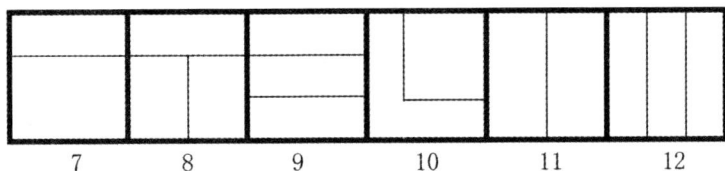

| 7 | 8 | 9 | 10 | 11 | 12 |

7. 筒、岗

8. 前、符

9. 意、点

10. 进、运

11. 韵、比

12. 树、游

汉字间架结构比例示意图举例

无论单体字还是合体字,都要注意重心平稳。笔画要均衡,凡相同的笔画要写得有变化,否则就会显得平淡呆板。而合体字一般是由几个偏旁组成的。按照偏旁在字中所占部位的情况,合体字主要有上下结构、上中下结构、左右结构、左中右结构、全包围结构和半包围结构等六种形态。结构形态不同,偏旁之间的搭配关系也随之不同,要体现审美。

正因为汉字为方块形,书写时,各部分的间架结构各占一定的比例,不可随意摆布,否则写出来的字肯定很难看。

二、多种习字格式

为了比较准确地把握汉字的间架结构,前人早就创造性地设计了多种习字格式,例如田字格(又称"十字格")、米字格、九宫格等。田字格、米字格都是画一个大小由之的方格,框内都有一个"十"字线,一般而言,方格的中竖线所贯穿的地方就是字的重心。凡字形偏侧的字,只要掌握好重心,就能斜中取正。偏旁在字的适宜部位,也可在框格中设计布局,使之恰到好处。

九宫格,是用四根线把方框分割成了九个大小相等的格,这对于上下或左右有三个部分的合体字,便于布局。

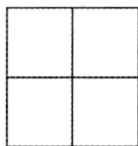 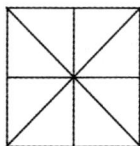 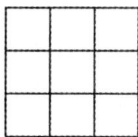

田字格　　　　　米字格　　　　　九宫格

选帖、读帖与临帖

学习写字,要善于选帖。学楷可从唐楷或六朝碑帖入手。初学还是先以一种容易上手的名帖临摹,待到笔法熟练,再换他帖,逐步遍涉名家,从而提高书法鉴赏力。同时也要大字、小字兼顾,再慢慢行草……这样,一步一个脚印,博采众长。

人们常说:"学写字,要先学欧(阳询)、颜(真卿)、柳(公权)、赵(孟頫)四大家。"此话言之有理,因为这四位书家各树一帜,尤其是他们的楷书极有法度,易于临摹。行书选帖首推王羲之的《兰亭集序》,王羲之的书法理论中有"迟涩飞动"四字,强调的还是要有飞动之气势。此外推介元代赵孟頫的《六体千字文》,六种字体融于一帖,楷书、章草、今草等多种书体在此帖中能同时见到,颇为独特,很有意思,对照比较,可赏可摹。

唐代孙过庭的《书谱》、清代康有为的《广艺舟双楫》,以及现代出版的《历代书法论文选》和《现代书法论文选》等,都是精辟的书法理论著作,值得借鉴,可少走弯路。

读帖是临摹的前提,先攻一体,再博采众长。学好书写的关键,还在于学会运笔和结体。运笔之前必须正确执笔。书家向来把执笔看得很重,早在汉魏,蔡邕、钟繇等人已经总结了执笔理论;唐代以后,诸论并出。执笔方法古今有很大差异,这是因为坐具的改变引起了写字姿势的变化。从遗留下来的古图资料看,汉、晋、隋、唐,人们席地而坐,几案低矮,不可能端坐伏案书写,常是一手持简(或纸、帛),一手执笔,悬空书写。现代人的书写条件非昔日可比,所以执笔姿势要求比较严格,旨在保证科学运笔。

书写要注意版式

当书写成文时,自然出现一定的版面。这种版面格式,古人习惯写成竖行,从上向下、从右向左地推进;字与字要尽可能地靠近,便于阅读;行与行之间把握必要的距离;每一段落的起始,通常缩进两格(最初并没有这样的要求)。这样,条理清晰,井井有条。现代人因为受西文书写的影响,通常写字已不再用竖行,而是采用横行,从左至右地阅读,更符合阅读习惯,效率更高。行与行由上向下发展,阅读更方便。此类格式已成规范,并成为人们的习惯。

如果不按规范书写,不单阅读困难,也不美观。2014 年,某网络电视台在宣传社会主义核心价值观活动中,制作有社会主义核心价值观内容的宣传品。这本是一件很有意义的好事,然而就因书写版式不规范,字距大于行距,致使行不成行,句不成句。一眼看去的整体视觉似是"横行",再一阅读竟然变成"诚爱公自文富……",不知所云,好不容易才找出阅读"门路"。由于它的句与行混淆错乱,其宣传效果势必大打折扣。

书法与书写的统一

书法是艺术,不但讲求书写的内容,而且注重形式美,讲究气韵生动。所谓"形式美",既表现为整幅的形式布局赏心悦目,也体现在笔法上合乎规矩法度。"规矩尽而变化生",只有严守规矩的笔法才能蕴含"笔情画趣",结构上得体。欣赏书法要从字形中体会作者"意在笔先"的"意"图,从静止的字形中领悟出神采和动势来。章法上要力避呆滞。通幅之中要有"布白",在大小疏密上既有变化,又浑然一体,能乱中见整,不齐处有多样的统一美感,以尽现笔底造化的功夫。至于"气韵生动",气韵来自书法家的人格和气质。因此,学书法首先要培养高尚的情操,加强道德修养，了解各方面的知识，提高综合能力。

书法讲求艺术，体现美感；而书写必须讲求规范，才有利于应用，有助于识读交流。这二者如何有机地统一呢？记得著名学者郝铭鉴先生曾在题为《"错字风波"之我见》的文章中，对此做了很好的回答。文章的开头引用两位著名书法家题写匾额引发的所谓"错字风波"，生动有趣。郝先生经过剖析，而后归纳出自己的见解。不妨在此择要照录：

社会要尊重书法家的艺术主张、艺术追求，包括他们对汉字结构的美的理解；同样，作为书法家也要关注语言文字的发展，关注社会对语文规范的要求，不能泥古不化，以一己之趣味干扰社会的全局。具体说来，笔者有以下三点意见：

一是在个人书法作品中，书法家尽可坚持个人的见解和爱好，比如"展"字，你可以写成《礼器碑》上的"展"（多一撇），还可以再加一笔写成《华山碑》中的"展"（多一撇又多一横），创作自由，悉听尊便。

二是在涉及文字的社会运用时，像书写牌匾、会标、商标等，则需三思而后行，要考虑到社会公众的接受习惯，考虑自己的作品对语文规范可能产生的影响。应该看到，这些作品和一般作品不同，它首先具有社会宣传作用，然后才是艺术鉴赏作用。作为一个有社会责任感的艺术家，不能只考虑到自己的艺术性，而置语文规范于不顾。当年毛泽东在谈及裸体写生时曾说，为了艺术发展，不惜小有牺牲；今天为了语文规范，书法家也应不惜小有牺牲。何况，按照规范汉字书写，也不见得会影响艺术效果。

三是有关主管部门应做好宣传和引导工作。按照"语言文字法"，在碑匾或题词中，是可以保留或使用繁体字、异体字的，但"可以"并不等于提倡，合情并不等于合理。这里关键是要把工作做到家，要让书法家心悦诚服地服从规范，宣传规范。

由此联想，现行人民币上"中国人民银行"六个字，正是汉字书写与书法艺术统一的典范。它的主要功能无疑是应用，但它又很美。这几个苍劲稳健的隶书，出自谁的大手笔？据考证，它由马文蔚先生所题写。这六个字之所以规范，是因为它们都是通行的简化字；之所以说它们有艺术性，是因为它们既是隶书，又近乎楷书，自成一家，端庄大方，美不胜收。

字如其人问题

第四届中国中小学生书法节，大力倡导在青少年中"从小写好中国字，长大做好中国人"，是一次非常有意义的活动。此举很有针对性。书法家庹(tuǒ)纯双先生指出："目前，不少青少年的字越写越差，错别字多，字形丑陋，对毛笔字更是陌生。结果，键盘越用越熟练，手写字越来越差劲。"问题很明显，如今键盘代替写字笔，丢掉了写字训练。文史国学专家黄羲平老先生在他的书法艺术个展上，劝导前来参观的学生们重视书写。他说："中国人

115

一定要会写毛笔字,字乃衣冠,你穿得再漂亮,字写不好很丢人!"他对现在年轻人多不懂书法非常痛心。他很赞赏广东规定中小学都要开设书法课,欣慰地说:"早就应该开了!"

中国自古有一种说法,"字如其人",又说"见字如见人"。这是很有道理的。美国的一位名叫赫尔斯坦的心理学泰斗认为:"书写运笔和笔迹是大脑传递给手指的意念,字者,人也。"这就是说,字体的动势就像人体的动作和语言一样,是一个人性格的表露。字的形状、笔画的连写、书写的速度、用力的大小、字与字的结合、字体的大小、每个字的书写位置等七个因素,各人写字时都不相同。正因为如此,汉字产生了神奇的"效"力,以现代生活方式和法律观念而言,一个签字手迹就具有生效的作用,它在契约上比加盖私章更科学,这是世俗的一个物质层面。推之于精神世界,汉字具有唯一无二、无法仿造的效应。法学界的笔迹学专家可以根据汉字书写的诸多因素分析出其中的奥秘,作为法律上的审证依据,道理不殊。

著名武侠小说作家金庸,著作享誉海内外。老先生也是一位书法爱好者,他把书法融入武侠小说,堪称一绝。《笑傲江湖》中秃笔翁用的武器就是一支大毛笔,扬言写秃毛笔无数,似是与怀素的"笔冢"有一比。书中的武术家又是书法家,因为武术是我国特有的,而书法也是中国文化的精髓,武术与书法有相通之处。金庸先生的书法充分体现出其个性,给人的第一感觉就是书法硬朗,不像是耄耋老人的手笔,有一种宁折不弯的傲骨,显得刚毅而少圆滑。他用笔潇洒自由,无拘无束,字体有棱有角,笔势如拔剑出击,有的笔画似太极拳招数,落笔铿锵有力,中宫收紧,大有宽处可走马、密处不透风的气势,正如《笑傲江湖》中令狐冲赞丹青生的那句话:"字中画中,更似乎蕴藏着一套极高的剑术。"金庸老先生其人其字,是完全相通的。

可见,汉字对每一个人来说,都是有不同灵性的。所以,书写也好,书法也罢,字还是要多写多练,练出自己的书法风格。"写一手好字"的观念永不过时,它如同人们穿在外面的大褂子,让人很体面。键盘可以敲,但写字的笔(包括毛笔)切不可丢。作为一个中国人,如果写不好汉字,既对不起创造汉字的祖宗,也对不起自己,更对不起神圣的汉字本身。

在当今的"e时代",因为电话、手机、电脑网络,人际交往变得更直接更便捷了,天南海北的亲友随时可以"晤谈"。可是这总让人感觉缺少点什么,是情真意切的表达,是隽永的回味,还是字里行间那绵长的思念? 所以说,那种"见字如见人"的"手写真情",显得更加弥足珍贵! 汉字书写,不仅是交流,更是一种情感、一种态度,于生活的细节中传递着爱与尊重。书写,也是一种身心的修炼,于一笔一画之中细细品味当下的力量。

让我们在怀念墨香中,呼唤汉字书写及书法的回归与繁荣!

第三章

汉字的时代新发展

与单一民族的国家不同,中国自古是靠文化立国的,其文化的基石就是汉字。

中华文化世代相传,既古老又现代,灿烂辉煌,令国人自豪。汉字造就了数不胜数的历代经典。汉字记录了时代文明,反映了民族生活,闪烁着变幻莫测的魔力。

汉字的魔力何在?诸如语音的表现、字体的简化、文言变白话、标点符号的运用等,都体现了汉字对历史局限的突破。这些富有传奇色彩的变革,有着划时代的意义。

第一节 语音研发的前世今生

语音是语言的音响,也就是人们说话的声音。语言要借声音来表达,所以语音同语言的意义紧密结合。每一种语言的语音都有自己的特色,现代汉语的语音是以北京语音为标准音的。

汉语语音的研发,历经了漫长的历史岁月。汉字是汉语的记录符号,汉语是靠汉字来表征的。历史证明,汉字的发展进步直接为汉语的发展进步奠定了坚实而科学的基础。汉语拼音是语言发展的实际需要,目的很明确,就是要有效地解决汉字规范读音的问题。用拉丁字母为汉字注音,是汉字注音方法的重大突破,它使读音更加精准,这是中华文化不断发展的历史产物。

开创汉字注音

我国先贤们绞尽脑汁为汉字注音的历史相当漫长,然而用拉丁字母为拼音符号的历史不过 400 余年。这一"奇迹"的开创应归功于来到中国的传教士,他们最先用拉丁字母给汉字注音,从而产生了深远影响。

一、传教士是注音先行者

明朝末年,随着欧亚两洲之间航线的开通,欧洲国家的一批传教士来到中国传教。他们在学用汉字时深感繁难,便试用拉丁字母为汉字注音,拼写汉语,其出发点,恐怕与现今有些中国学生初学英语时用汉字给英文单词注音是一样的。因此,西洋人陆续创制过多种拉丁字母式的汉语拼音方案。

第一个制定用拉丁字母拼写汉字读音方案的西洋人是意大利天主教耶稣会传教士利玛窦。他于 1583 年来到中国,先在广东肇庆一带活动,1605 年(明朝万历三十三年)在北京出版了一部系统的汉语音译图书《西字奇迹》,内有《信而步海,疑而即沉》等 4 篇文章。学者罗常培根据该书的汉字与拉丁文对照译文,整理出一个包括 26 个声母和 44 个韵母的汉语拼音方案。到了1626 年,法国耶稣会的在华传教士金尼格在杭州出版了一部完整的罗马字注音的专著《西儒耳目资》,这是一部最早用音素字母给汉字注音的著作。金尼格的拼音方案是在利玛窦方案基础上修改而成的,世人则合称为"利、金方案"。此后200年间,由于清廷奉行闭关自守政策,西洋人的汉语拼音也因此沉寂。直到鸦片战争以后,"海禁"大开,西洋的传教士和商人纷纷拥入中国,教会罗马字和汉语译音又迅速发展起来。

最早到中国来的基督教传教士是英国人马礼逊,他于1814年出版《中文文法》后,又在1815到1823年编纂出版了一部中英文对照的《中文字典》。全书6大册,是用他自己设计的官话拼音方案拼写汉字汉语的。这部最早的《中文字典》,收汉字4万余个,也是最早自左而右横排的汉字书。

1867年,英国驻华使馆资深中文秘书威妥玛编著出版了第一部用拉丁字母为汉字注音的官话课本《汉语自迩集》。该书采用英文的26个字母作为汉字拼音方案,专门拼写京音官话,起初是作为使馆人员学习汉语的注音工具,因为接近英文而扩大了用途。直到1977年,联合国第三届地名标准化会议通过了将《汉语拼音方案》作为国际标准,威妥玛式才停止使用,其间使用了100多年。早年,西洋人汉语译音方案中跟威妥玛式相近的,还有一个被称为邮政式的方案。

总而言之,不论何种方案,都不是要取代汉字,只是给汉字注音。

二、倡导"拼音字"的先贤

在清末维新思潮的影响下,许多先贤出于爱国之心,试图从文字上找到振兴国力的出路,不遗余力地研究推广切音字。所谓"切音字",即拼音字。1891年,宋恕在《六斋卑议》中首先提出

"须造切音文字"的主张。1892年,卢戆章发表"中国切音新字"厦腔读本《一目了然初阶》,宣布了切音字运动的揭幕。当时的维新运动领袖人物康有为、梁启超、谭嗣同等,都分别发表过赞成推行拼音文字的意见。康有为设想"以字母取音,以简易之新文"来书写"中国名物",并亲自拟制拼音方案。梁启超撰文介绍切音字运动,主张汉字与切音字并存。谭嗣同也在其《仁学》中极力倡导拼音文字,提出"尽改象形为谐声(拼音)"的主张。

在清末的切音字运动中,最有实际影响力的人物,首推卢戆章和王照两位学者。

三、卢戆章其人其事

卢戆章是切音字运动的发起人。他认为"中国字或者是当今普天下之字之至难者",而"切音为字"能"好学识理",可以做到"字话一律""字话简易"。但他不赞成废除汉字,主张"切音字与汉字并列",通过切音字"可以无师自识汉文"。他的这些认识代表了切音字运动的普遍观点。

卢戆章21岁留学新加坡,25岁回国在厦门定居,以教书为业。他在教学实践中,受西文和教会罗马字的启迪,加上民间方言韵书《十五音》的影响,开始研究中国切音字,亦即汉字拼音,终于在1892年制成以拉丁字母为基础的汉语拼音方案《中国第一快切新字》,并编成《一目了然初阶·中国切音新字厦腔》一书,在厦门出版。

1905年前后,卢戆章曾3次将《中国切音新字》进呈清政府,均未获准,他只好返回厦门,在民间坚持推广汉字切音。1906年,他将《中国切音新字》稍加修改补充,又出版了《中国字母北京切音教科书》等,以自制的方案,不顾一些人的冷嘲热讽,坚持在社会上传播。在这本教科书上,他特地拟写了一副对联,表达自己推广切音字的决心:

卅年用尽心机,特为同胞开慧眼;
一旦制成新字,愿教吾国进文明。

1918 年,国民政府教育部正式公布"注音字母",卢戆章又编写了《闽南语注音字母》《卢戆章中华新字母》《罗马字母对照表》等。他在汉语拼音及汉字改革的理论研究和实践探索上,进行了长达 50 年的不懈奋斗,直至 1924 年病逝。

四、王照其人其事

王照是一位爱国学者,拥护变法维新。变法失败后,他作为"戊戌党人"被追捕,以致流亡日本两年。其间,他受日本假名字母的启发,制成一个假名式汉语拼音方案。1900 年,他乔装成"台湾和尚"秘密回国,潜居天津。这时,他的拼音方案得到翰林院编修严修的支持,严氏提供了清朝的反切书《音韵阐征》给他参考。该书是皇上"御定"的,可防他人的攻击或陷罪。这样,王照在一年时间里便完成《官话合声字母》的初稿。这是一部最早的介绍汉字笔画式双拼制拼音方案的著作,"全是为不识字的人兴出来的"。《官话合声字母》初稿有 49 个字母(声母)、15 个喉音(韵母),后来改为 50 个字母(声母)、12 个喉音(韵母)。王照把汉语

125

语音的 i、u、ü 三个介母合在声母当中,以便于双拼。

1903 年,王照仍是"奉旨严拿"的政治犯身份,冒险在北京设立"官话字母义塾"。1904 年,王照为了能以公开身份推广官话字母,决定向清政府自首,入狱 3 个月后获释,遂赴保定创办"拼音官话书报社",并出版了《对兵说话》的官话字母书。在从 1900 到 1910 年这 10 年的切音字运动中,王照的官话字母推行工作成绩显著,编印图书 6 万多部,成立推行官话字母的团体几十个,遍及 13 省,据说"各地私相传习,一人旬日而通,一家兼旬而遍,用以读书阅报,抒写议论,莫不欢欣鼓舞,顶礼祷祝"。因此,王照成为切音字运动中最有影响力的代表人物,但其一生经历坎坷,直至 1933 年病逝。

推行注音字母运动

民国初年曾兴起注音字母运动,它是切音字运动的延续。所不同的是,注音字母已不是个人方案,而是在政府推动下的集体方案;虽然仍是汉字笔画式,但不再是双拼制,而是三拼制了。

一、采用"注音字母"

1912 年 7 月,当时的教育部通过"采用注音字母案"。其时,学者们提出的方案众多,最后采纳的是鲁迅等人提议的注音字母,即笔画简单的古文字的背化写法。例如:ㄅ,古节字;万,古七字;4,古私字;等等。1930 年,国民政府又下令改"注音字母"为"注音符号"。注音字母只给汉字注音,并非文字,可以夹在汉字中使用。它是我国第一套法定的拼音字母,从 1920 年起为汉字注音,此后的 30 多年里,在统一汉字读音、推广国语、普及语音知识等方面,发挥了重要的作用。直到中华人民共和国成立后,该注音方法才被中央人民政府新公布的《汉语拼音方案》所取代。

二、采用"拉丁字母"

1955 年 10 月,为了进一步规范简化汉字,提高认知率,中共中央决定召开全国文字改革会议,周恩来总理亲自点名邀请语言学家周有光参加会议。周有光精通中、英、法、日四国语言,会后就留在文改会工作。周老作为《汉语拼音方案》的主要创制人之一,提出口语化、音素化、拉丁化的基本原则。全国文字改革会议提出过 6 种《汉语拼音方案草案》,其中 4 种是汉字笔画式的,1 种是斯拉夫字母式的,1 种是拉丁字母式的。经过反复的研讨,还是采用了拉丁字母。26 个拉丁字母的大小写法及其顺序如下:

A a　　B b　　C c　　D d　　E e　　F f　　G g

H h　　I i　　J j　　K k　　L l　　M m　　N n

O o　　P p　　Q q　　R r　　S s　　T t

U u　　V v　　W w　　X x　　Y y　　Z z

拉丁字母来源于希腊,形成于罗马,所以也叫罗马字母。对此,语言学家周有光曾说:"《汉语拼音方案》采用的是国际通用、已有 60 多个国家使用的拉丁字母,而不是英文字母。从来源上说,拉丁字母尽管是外来的,但它能拼写出地道的汉语,因此已是我们自己的字母。正如外来的胡琴能演奏出地道的民族乐曲一样。"其实,字母跟汽车、火车、轮船、飞机相类似,洋为中用。尽管拉丁字母是外来的,但它在我们《汉语拼音方案》中已经过修改和补充,完全变成汉语的读法和用法,应是我们自己的汉语字母了。周有光博学,其连襟沈从文先生出于敬佩,曾送他"周百科"的外号。在对汉语拼音的贡献上,周老又有"中国汉语拼音第一人"之誉。

周有光主持制定的《汉语拼音方案》,自 1958 年 2 月全国人大批准后开始进入国内每一所小学的课堂。1982 年,国际标准化组织认定《汉语拼音方案》为拼写汉语的国际标准(ISO7098)。

汉语拼音有 26 个字母,按照国际通用的顺序规定了它们的排列顺序,主要是为了便于记诵,便于按音序编制索引、资料、名单等,这样利用音序查找生字就非常方便。汉语拼音 26 个字母的排列一般分为 4 行,根据字母的读音读起来,每行最末一个字母押韵,好像一首诗歌,读起来很顺口,也就十分易于记忆。

汉语拼音方案

（1957年11月1日国务院全体会议第60次会议通过）

（1958年2月11日第一届全国人民代表大会第五次会议批准）

一、字母表

字母	A a	B b	C c	D d	E e	F f	G g
名称	ㄚ	ㄅㄝ	ㄘㄝ	ㄉㄝ	ㄜ	ㄝㄈ	ㄍㄝ

H h	I i	J j	K k	L l	M m	N n
ㄏㄚ	ㄧ	ㄐㄧㄝ	ㄎㄝ	ㄝㄌ	ㄝㄇ	ㄋㄝ

O o	P p	Q q	R r	S s	T t
ㄛ	ㄆㄝ	ㄑㄧㄡ	ㄚㄦ	ㄝㄙ	ㄊㄝ

U u	V v	W w	X x	Y y	Z z
ㄨ	ㄪㄝ	ㄨㄚ	ㄒㄧ	ㄧㄚ	ㄗㄝ

V 只用来拼写外来语、少数民族语言和方言。

字母的手写体依照拉丁字母的一般书写习惯。

二、声母表

b	p	m	f		d	t	n	l
ㄅ玻	ㄆ坡	ㄇ摸	ㄈ佛		ㄉ得	ㄊ特	ㄋ讷	ㄌ勒

g	k	h		j	q	x
ㄍ哥	ㄎ科	ㄏ喝		ㄐ基	ㄑ欺	ㄒ希

zh	ch	sh	r		z	c	s
ㄓ知	ㄔ蚩	ㄕ诗	ㄖ日		ㄗ资	ㄘ雌	ㄙ思

在给汉字注音的时候，为了使拼式简短，zh ch sh可以省作 ẑ ĉ ŝ。

三、韵母表

	i ㄧ 衣	u ㄨ 乌	ü ㄩ 迂
a ㄚ 啊	ia ㄧㄚ 呀	ua ㄨㄚ 蛙	
o ㄛ 喔		uo ㄨㄛ 窝	
e ㄜ 鹅	ie ㄧㄝ 耶		üe ㄩㄝ 约
ai ㄞ 哀		uai ㄨㄞ 歪	
ei ㄟ 欸		uei ㄨㄟ 威	
ao ㄠ 熬	iao ㄧㄠ 腰		
ou ㄡ 欧	iou ㄧㄡ 忧		
an ㄢ 安	ian ㄧㄢ 烟	uan ㄨㄢ 弯	üan ㄩㄢ 冤
en ㄣ 恩	in ㄧㄣ 因	uen ㄨㄣ 温	ün ㄩㄣ 晕
ang ㄤ 昂	iang ㄧㄤ 央	uang ㄨㄤ 汪	
eng ㄥ 亨的韵母	ing ㄧㄥ 英	ueng ㄨㄥ 翁	
ong (ㄨㄥ)轰的韵母	iong ㄩㄥ 雍		

(1)"知、蚩、诗、日、资、雌、思"等七个音节的韵母用 i，即：知、蚩、诗、日、资、雌、思等字拼作 zhi，chi，shi，ri，zi，ci，si。

(2)韵母儿写成 er，用作韵尾的时候写成 r。例如："儿童"拼作 ertong，"花儿"拼作 huar。

(3)韵母ㄝ单用的时候写成 ê。

130

(4) i 行的韵母，前面没有声母的时候，写成 yi(衣)，ya(呀)，ye(耶)，yao(腰)，you(忧)，yan(烟)，yin(因)，yang(央)，ying(英)，yong(雍)。

u 行的韵母，前面没有声母的时候，写成 wu(乌)，wa(蛙)，wo(窝)，wai(歪)，wei(威)，wan(弯)，wen(温)，wang(汪)，weng(翁)。

ü 行的韵母，前面没有声母的时候，写成 yu(迂)，yue(约)，yuan(冤)，yun(晕)；ü 上两点省略。

ü 行的韵母跟声母 j，q，x 拼的时候，写成 ju(居)，qu(区)，xu(虚)，ü 上两点也省略；但是跟声母 n，l 拼的时候，仍然写成 nü(女)，lü(吕)。

(5) iou，uei，uen 前面加声母的时候，写成 iu，ui，un，例如 niu(牛)，gui(归)，lun(论)。

(6) 在给汉字注音的时候，为了使拼式简短，ng 可以省作 ŋ。

四、声调符号

阴平	阳平	上声	去声
ˉ	´	ˇ	`

声调符号标在音节的主要母音上。轻声不标，例如：

妈 mā	麻 má	马 mǎ	骂 mà	吗 ma
(阴平)	(阳平)	(上声)	(去声)	(轻声)

五、隔音符号

a，o，e 开头的音节连接在其他音节后面的时候，如果音节的界限发生混淆，用隔音符号(')隔开，例如：pi'ao(皮袄)。

〔此方案表引自《现代汉语词典》(第 7 版)〕

三、《汉语拼音方案》是规范字音的重要工具

实践已经证明，汉语拼音无法取代汉字。而汉语拼音对解决汉字读音问题，也越来越重要。不仅外国朋友初学汉字和汉语，需要《汉语拼音方案》这根助学"拐杖"，我国的广大儿童启蒙时，同样需要先学汉语拼音。

拼音确实很重要，它可以保证汉字的读音。大家在学习和使

用时,要特别注意那些容易读错或写错的拼音。尤其要准确掌握四声,这样才能运用声母和韵母正确地拼出字音。

通常人们总认为"学汉字容易",还心存秘诀:把握形声特点,左形右声,右形左声,上形下声,下形上声,等等,认为如此这般便掌握90%以上的汉字读音了。这个方法说白了就是人们常说的经验:"秀才识字念半边。"此经验毕竟不能放之四海而皆准。例如,"工"字加左边偏旁可读 hóng,如"红""虹"等字都是这种读音。假若推导出"女红"的"红"字仍读 hóng,那就错了。这个"红"字在"女红"一词里应读为 gōng。

汉字表意和表音的特点同在,变化莫测。文化教育、新闻媒体的工作者们肩负着宣传的使命,更应该做《汉语拼音方案》的传播者和捍卫者。央视主播刘羽曾在网络上发了一条微博:"我们化妆镜上贴着常常出错的读音表。错一个罚五十,测测你能罚多少?"这条微博引来了众多网民的围观。微博中,她贴出了一张用手机拍的照片,上面是一张写满汉字词语和读音的字条。仔细辨别这些词语和读音,很多字的准确读音和我们通常的习惯读音不一样,例如,不是"下载(zǎi)",而是"下载(zài)";不是"影片(piān)",而是"影片(piàn)";不是"尽(jìn)快",而是"尽(jǐn)快"……看来,大而化之不行,这些在日常生活中司空见惯的字词,欲读出准确的音,非下一番功夫不可哩!《汉语拼音方案》是规范语音的重要工具,《新华字典》《现代汉语词典》等常用字词工具书上都有"汉语拼音",它们都是我们"不说话的老师"。

四、学习汉语拼音的要领

其一,对声母的把握。声母是组成汉字音节的重要成分,即音节开头的辅音。例如 háng、tiān(航天)这两个音节里,前一个声母是 h,后一个声母是 t。声母有 20 个,它们是 b、p、m、f、d、t、l、g、k、h、j、q、x、zh、ch、sh、r、z、c、s。有一个辅音 n,做声母也做韵尾用。例如 nú(奴)中,n 是声母,而在 nín(您)中,前一个 n 是声母,后一个 n 则是韵尾。同样,tian(天)中的 n 是韵尾。

声母呼读时,要把握发音部位和发音方法,克服方言影响,读准声母,这是学好普通话的第一步。

其二,对韵母的把握。韵母是音节中声母的后缀,是汉字音节中声母后面的部分,也就是汉字字音中后边读得较响亮较突出的那一部分。例如 máng、guǒ(杧果)这两个音节,前一个韵母是 ang,后一个韵母是 uo。韵母主要由元音充当。有的韵母只有 1 个元音,有的韵母却有 2 个或 3 个元音,前者称单韵母,后者称复韵母。还有的韵母由元音加辅音 n 或元音加辅音 ng 充当。

普通话里共有 39 个韵母,分为 3 类,即单韵母、复韵母和鼻韵母(韵尾是鼻音),其中韵母 i 和 er 是特别韵母。特别韵母 i 只出现在 zh、ch、sh、r、z、c、s 的后面。而特别韵母 er 只给"儿、而、耳、二"等字注音。

韵母发音和声母一样,要靠平日经常模仿训练,注意把握发音要领。

五、汉语拼音的学习口诀

汉语言专家创作了一则《汉语拼音口诀》,很值得推荐,因为汉语拼音对于学习汉字是不可或缺的工具。

1. 拼音口诀

i 行开头变作 y,u 行开头变作 w；

in、ing、u 是例外,不去 i、u 加 y、w；

前无声母 ü 打头,加个 y 字在前头；

ü 上两点要去掉,üe 变 yue 是根由；

ü 字前面 j、q、x,ü 上两点不用写；

倘若前面 n 和 l,保留两点要注意；

iou、uei、uen 真荒唐,前拼声母挖肚肠；

单独注音有变化,i、u 必须变 y、w。

2. 标调口诀

见 a 不放过,无 a 标 oe；

oe 也不在,方可标 i、u；

i、u 并列时,调号标在后。

3. "一、七、八、不"变调口诀

"一、七、八、不"是本调,变调规律要记清。

单用、词尾念本调,去声前面变阴平。

非去声前"七、八、不",本调不变记在心。

序数"一"字在末尾,仍按本调念阴平。

非去声在"一"后跟,"一"字全部念去声。

"一、不"若在词中间,应该变调念轻声。

声调的认知

汉语是具有"声调"的语言。表征汉语的每一个汉字都有声调,所以,声调也叫"字调"。在声调语言中,一个字的不同音调,不仅能传达出不同的强调内容和情感内容,而且能表达完全不同的意思。例如,取决于说话者的声调,汉语音节"ma"既可表示"妈妈",还可以表示"马""麻""骂"等意思。

究竟何谓"声调"呢?语言学家通过研究,了解到声调主要因声音高低而形成,与声音的长、短、音色也有一定的关系。简言之,声调是由字音(音节发音)的高、低、升、降来决定的。这种字调的表现,当然要靠口形的变化来完成。

声调是音节结构中不可缺少的组成部分,它有区别字义、词义的作用。一个字音,由于声调不同,意义也就不一样。例如:

shānxī(山西)　　　　shǎnxī(陕西)

shènglì(胜利)　　　　shēnglǐ(生理)

声调的起伏变化,使汉语听起来具有一种悠扬的音乐韵味。这是汉语和其他民族语言相区别的一个重要特征。声调的具体内容,有"四声"与"平仄"两项,它们是音韵学的重要内容。

一、所谓"四声"

按现代普通话的标准音,大部分字有4个声调(少部分字只有1个、2个或3个)。我们先以《汉语拼音方案》里举的"ma"为例。这个字音就有4个声调,可以构成4个字:

第一声,符号为"－",叫阴平,念起来调子平而长,如"妈(mā)";

第二声,符号为"ˊ",叫阳平,念起来调子向上升,如"麻(má)";

135

第三声,符号为"ˇ",叫上声,念起来调子先降后升,如"马（mǎ）"；

第四声,符号为"ˋ",叫去声,念起来调子由高往下降,如"骂（mà）"。

例如"千锤百炼"4 个字,它们组成一个短语,在读音上就代表了普通话的 4 种声调:

qiān	chuí	bǎi	liàn
千	锤	百	炼

这 4 个音节连在一起读,抑扬顿挫,起伏和谐,悦耳动听。

综合而言,四声发音特点在于:"阴平"起音高高一路平,"阳平"由中到高往上升,"上声"低起降低再扬起,"去声"从高降到最低层。

二、古今汉语"声调"的变迁

汉语言文字学者研究发现,随着语言的变化,早期汉语的声调是有变化的,但学者们见解不一。仅从明清以来而论,有的说秦代以前没有四声;有的说当时只有平声、入声,没有上声、去声;有的说只有平、上、入三声,没有去声;有的又说,秦代以前四声并用。不管有无四声,还是四声并用,也不管是只有二声,还是只有三声,反正历史上的汉语有声调变化,这是应该肯定的。

古人对汉语声调的认识,大约是从公元 5 世纪(齐梁时代)开始的。相传沈约撰《四声谱》,王斌撰《四声论》,他们说的"四声",指的就是"平、上、去、入"4 个声调。

四声如何辨别呢? 明代有一位叫真空的和尚,写了一首辨别四声的歌诀：

平声平道莫低昂，

上声高呼猛烈强，

去声分明哀道远，

入声短促急收藏。

它反映了古代四声的读音方法。我们今天普通话的四声读法和它有很多相似之处，但不完全相同。

三、汉语声调的分类

汉语声调，在历史上曾经出现过不同的分类方法，但都没有突破"四声"的模式，因此"四声"沿用至今。不过，中国语言学史上曾出现一种"平分阴阳，入派三声"的模式。它是元代音韵学家周德清在《中原音韵》中的创造，此书是根据当时北方语音的实况而写的，专供北曲押韵用。它把齐梁以后逐渐固定的平声，分为阴平和阳平二声，并把原先的入声分别派入阳平、上声和去声，这样就形成了所谓的"平分阴阴，入派三声"。

近代汉语和现代普通话的"四声"，是在继承周德清"平分阴阳"的同时，又把他的"入派三声"改成了"入派四声"，也就是把原先的入声字，分派入阴平、阳平、上声和去声中。这种"阴平、阳平、上声和去声"，就是我们今天习惯上所说的第一声、第二声、第三声和第四声。

表示声调的4个符号-、ˊ、ˇ、ˋ叫"调号"，它们要标注在音节中发音最响亮、开口度最大的主要元音上。元音开口大小的次序为a、o、e、i、u、ü。当调号标在 i 上时,i 上的点可以省去。

四、汉字同形异调举例

"音调"对汉字的发音很重要。同一形体的汉字,如果是不同音调,不仅读音有异,字义也不同。例如央视的一则公益广告语:

好随意,不是好司机!

这一句中有两个同形异调的"好"字:前一个读第四声,即去声,读 hào,动词,意为"喜欢""爱好"等;后一个"好"字读第三声,即上声,读 hǎo,形容词,意为表示赞美,与"坏"相反,如"好人好事"等。由此可知央视这句广告语的意思:喜欢随便而任意地操作,不是一个值得称赞的司机!

平仄与音韵的风采

汉语是有节奏和韵味的,具体表现为"平仄"和"音韵"两个特色。

一、所谓平仄

汉语声调的另一个语音现象叫"平仄"。它是研究汉字声调的一个专门术语。平仄与四声有联系又有区别,知道了什么是四声,就容易理解平仄了。

所谓"平",是平衍舒徐的意思;所谓"仄",是升降急促的意思。古汉语 4 个声调,平声属于平类,上、去、入三声属于仄类,这样老四声就分成了平、仄两大类。而现代汉语四声，"平"就是阴平、阳平，"仄"就是上声、去声。可见，按字义解释，"仄"就是不平之意。

平声是没有升降或升降极少的，是较长的声音；而上声和去声是有升降且升降较大的，也是较短的声音。这样，它们就形成了两大类型。如果让这两类声调在韵文中交错，那就能使声调多样化，而不至于单调。人们所说的"声调铿锵"，固然有许多因素，但平仄谐和是其中的一大要素。

中国古人比现代人更重视平仄，这是古代诗词格律的需要。中国古诗以上下两句为一联，联与联之间各个对等的节拍（两个音节为一节拍），要求其平仄相同；一联之间，上联的出句和下联的对句各个对等节拍的平仄则要求相反；一句之内，每个节拍之间，一般都是平仄交替。例如，唐代杜甫《春望》诗句的用字：

国破山河在	仄仄|平平|仄
城春草木深	平平|仄仄|平
感时花溅泪	平平平|仄仄
恨别鸟惊心	仄仄仄|平平
烽火连三月	仄仄|平平|仄
家书抵万金	平平|仄仄|平
白头搔更短	平平平|仄仄
浑欲不胜簪	仄仄仄|平平

二、所谓音韵

汉语拼音的韵母可以准确地体现"音韵"。我们写诗词、歌赋、唱词等作品时,在句子的末尾常常运用同韵的字。使用同韵、同韵腹或韵音相近的字,叫"押韵",也叫"协韵"。这是中国古今韵文写作的一种重要手法,不同体裁的韵文,押韵的方法不一样。旧诗除了近体诗(律诗和绝句)以外,其他所有古体诗大多是双句押韵,单句不管,所谓"一、三、五不问,二、四、六分明",说的就是押韵的意思。古人非常重视这一文化技巧,押韵可以造成鲜明的节奏,使诗词曲赋具有音乐感,读起来既顺口,又悦耳动听,可增强韵文作品的艺术感染力。

"同韵"相押,就是韵脚汉字的韵母相同。例如中唐诗人张祜的《何满子》:

> 故国三千里,深宫二十年。
> 一声何满子,双泪落君前。

诗中的韵脚字"年(nián)""前(qián)"的韵母都是 ian,这是同韵相押。

韵母相近的字彼此也可押韵,叫邻韵相押。小说《红楼梦》第三十七回,写贾宝玉、林黛玉、薛宝钗、贾探春四个人在一起咏白海棠,规定用"门、盆、魂、痕、昏"五个字,作为每一句诗的收尾字,四个人都按这个规定作诗,其中林黛玉的一首诗最为风流别致。诗曰:

半卷湘帘半掩门，碾冰为土玉为盆。

偷来梨蕊三分白，借得梅花一缕魂。

月窟仙人缝缟袂，秋闺怨女拭啼痕。

娇羞默默同谁诉？倦倚西风夜已昏。

　　这位多情少女孤傲娇羞的性格、孤寂凄凉的心境，在这几句诗中表现得跃然纸上。这"门（mén）、盆（pén）、魂（hún）、痕（hén）、昏（hūn）"五个相邻韵母的字，在不同诗句的同一语法位置上依次出现，关联上下，增加了诗的感情色彩，使全诗富有一种回环的美感。这种邻韵相押、韵脚和谐的诗作，读起来朗朗上口。

　　古诗词曲赋对押韵要求都比较严格，押韵的字只允许用同一韵部的字。对此，就需要有介绍正确读音的韵部工具书，所谓"韵书"应运而生。它依据声母、韵母、声调的关系把汉字分类汇聚，把韵母相同的字分类编成一个个的韵部。例如《诗韵》一书就规定了106个韵部，平声韵的字数较多。韵书分韵编排，查押韵的字就方便了。

　　然而，现代诗歌的押韵就自由多了。

第二节　简化是汉字革命

　　汉字的形体是由笔画构建的，写字就得一笔一画地写。笔画繁多的字，使写字者不胜其烦。因此，近百年来，围绕汉字形体结构是"繁化"还是"简化",一直进行着激烈的较量,或者说是一场"革命"。鲁迅先生曾经说过一句话:"汉字不灭,中国必亡。"这话显然偏激,其言外之意是"汉字难写难认,阻碍社会进步"。历史已证明此种观点欠妥,这当然是历史的局限性所致,但它充满着爱国之心。当年鲁迅的这番话,被主张"采用拼音文字"的人们认为是"至理名言",却被主张"汉字国粹论"的人们认为是"大逆不道"。不过,汉字变革百年之争,结果不但没有废弃汉字,反而促进了其活力的彰显。这活力主要体现在从"繁"到"简"的变革,简省了汉字某些可以省去的笔画,此种变革即所谓"字省文"的时代潮流。

省文的历史潮流

所谓汉字省文,就是化"繁"为"简"。这是文化发展的必然,它反映了简洁是人类文明追求的高境界。因此中华民族历代都创造有不同的简体字。譬如,现行简化字中的"从"字,早在甲骨文中的简体就是这样写的;"国""寿"诸字产生于汉代;"怜""虫"诸字产生于唐代。近年,在广东南澳岛海域(东海与南海交汇处)打捞明代沉船,从出水的青花瓷器看,一些碗底就有"粮、福"等汉字。这个"粮"字就是"糧"的简体,说明这样的简体俗字在明代就很流行了。总之,简化是汉字几千年来的发展总趋势。

一、历史呼唤简化字

文字总是要求书写方便。汉字的主要缺点便是难写、难记、难读,因此汉字在几千年的发展过程中,除了书写体式出现简化的趋势之外,在字形结构方面也不断要求简化、易写,因此历代创造了不少简体字。

在新中国成立之前,汉字经历过多次简化运动,有的成功,但有的也存在问题甚或闹出笑话。

传说清代康熙皇帝有一次下江南,来到杭州后,灵隐寺的老和尚请他题写匾额。康熙是一位儒雅皇帝,他很爽快地答应了。他提笔蘸墨,迅笔写下一个雨字头,本想写灵隐寺的"靈"字,可是这"雨"字头起得太大,而繁体"灵"字下面的笔画还很多,纸上留的位置实在放不下,怎么办?康熙一时很尴尬。好在身边有个大学士高江村,他立马救驾,悄悄在自己手掌上写了"雲林"两个字,暗示康熙。于是,康熙便在雨字头下面添了个"云"字,便成了繁体字"雲"。至于"林"者,也许凑个"灵"字的谐音。就这样,"灵隐寺"成了"云林禅寺"。时至今日,这个名不副实的匾额还挂在灵隐寺的大殿前。皇帝竟被繁体字开了一个大玩笑。不知康熙当时曾否想过:如果有简化字该多好!

二、汉字简化是历史必然

汉字的历史演变,主要是字形的变化。它从甲骨文、金文,到大篆、小篆,到隶书、楷书,直至草书、行书,其发展趋势是逐渐"简化"的。商周时期的甲骨文、金文已是相当成熟的文字,但字形上仍有一定的图形性质,写起来比较麻烦。因此从甲骨文、金文到小篆的简化,主要表现在字形逐渐由以图形为主转变为以线条为主。

小篆是大篆的简化,是秦国统一天下后制定并通行的字体。

隶书也产生在秦代,最初使用于民间,到汉代成为正式字体。它比小篆又简化了许多,把小篆圆转的线条变成了笔画,这是汉字形体的一次大简化。汉字发展史上的所谓"隶变",指的就是这一次大简化。到东汉末年,汉字朝两个方向发展:一是草化成"草书",另一是楷化成"楷书"。楷书的出现使方块汉字从隶书的扁平体改为方正形体,使书写更加简便了。草书的笔画大为减省,书写更快捷。在楷、草二体之间还有一个"行书",这种字体兼有楷、草二者的优点,形体流畅大方,书写更为简便快捷。由此可见,汉字形体演变的历史,其实就是汉字简化的历史。

对此,国学大师钱玄同先生总结得更加具体,他说:

从甲骨、彝器、《说文》以来,时时发见笔画多的字,时时有人将它的笔画减省。殷周之古体减为秦篆,秦篆减为汉隶,汉隶减为汉草(章草),汉草减为晋唐之草(今草);汉隶的体势变为楷书,楷书减为行书;宋元以来,又减省楷书,参取行草,变成一种简体(即所谓"破体""俗体""小写")。这都是最显著的减省笔画。而篆与篆,隶与隶,草与草,简体与简体,其中尚有繁简之不同。总而言之,汉字的字体,在数千年中是时时被减省的。从殷周之古体变到宋元之简体,时时向着简易的方面进行,可说是没有间断。

钱玄同在这段话里说到一种简体,即所谓"破体""俗体"和"小写"的提法,这是有历史原因的。历代都有简体字在民间流行,甚至汉魏以来的陶器和牌坊、墓碑等石刻中,也常看到简体字。简体字大量流行,是在唐以后的宋、元、明、清各代,因为这时期民间文学盛行,刻印技术发展,随着书籍出版的增多,简体字也就在民间大大流行起来。但是,简体字在民间流行,并无合法的地位。当时的统治者把简体字视为非正统,于是说成"破体""俗体",意思是这些简化了笔画的汉字是"肢体不全",很"俗气",不能登上大雅之堂的。刘复、李家瑞编纂的《宋元以来俗字谱》一书,收集了 1600 多个俗字,反映了八九百年间的简体字发展状况。历史的转机出现在 1850 至 1864 年期间的太平天国运动,天国政权曾经给简体字以合法的地位,其政府印玺,以及印发的公文、布告和书籍等,大量采用了唐宋以来民间流行的简体字,还创造了不少新的简化字。据不完全统计,太平天国使用的简体字有 100 多个,其中绝大多数都被新中国颁布的《汉字简化方案》所采用。

简体俗字的倡用

明清虽是正字复古的两个朝代,但在一般民众(包括知识分子)中仍流行简体字,有些学者还有意识地主张写简体字。例如明末清初的学者黄宗羲就"喜用俗字抄书,云可省功夫一半"。黄氏在手札《明代名人尺牍》中,明确提出将"議"写作"议","當"写作"当",等等。

到清末维新运动之后,由于普及文化教育,开发民智,加上简化字易学易写,一场简化字运动便应运而生。有人公开提出:要把简体字当作正体字来使用。这个主张的提出是很了不起的。

1909 年,学者陆费逵在《教育杂志》创刊号上发表题为《普通教育应当采用俗体字》的文章,鼓吹俗体字的优点,以此推动汉字简化。他认为:"最便而易行者,莫如采用俗体字,此种字笔画简单⋯⋯易习易记,其便利一也。此种字除公牍考试外,无不用之⋯⋯若采用于普通教育,事顺而易行,其便利二也。余素主张此议,以为有利无害,不惟省学者脑力,添识字之人数,即写字刻字,亦较便也。"

1921 年,陆费逵又发表《整理汉字的意见》一文,他提出整理汉字有两种办法:一是限定通俗字范围,在 2000 个字左右;二是改变字形,减少笔画。第一步,采用已有社会基础的简体字;第二步,把其他笔画多的字也改变字形,减少笔画。陆氏能在当年提出如此明确而具体的简化汉字之主张,颇有深远意义。他曾经把自己的名字简化为"六弗",可见其倡导简化字的决心。

简体手头字的推行

国学大师钱玄同曾历任北大、北师大教授,五四时期提倡文字改革,倡议并参加制定国语罗马字拼音方案。他在《新青年》杂志上发表倡导简体字的文章。1922 年,他又在国语统一筹委会上提出"减省现行汉字的笔画案",认为汉字之繁难,是"学术上、教育上之大障碍","改用拼音是治本的办法,减省现行汉字的笔画是治标的办法"。可见,钱玄同对汉字的音与形两方面的改革都非常激进,并组织了以他为主的简体字执委会来具体推行。

在推行汉字简化的高潮中,1935 年春,上海文化教育界著名人士陈望道、胡愈之、陶行知等，组成了"手头字推行委员会"。所谓"手头字"，是指人民群众手头经常书写、使用的汉字，这种字绝大部分笔画比较简单。当时，上海《申报》等报纸第一批公布手头字300个，同时由文化界200人署名在《太白》《世界译文》等杂志上共同发表了《手头字缘起》一文，这些报刊还带头采用手头字。在简省汉字笔画提案和手头字运动推动下，国民政府教育部不得不在1935年8月公布了"第一批简体字表"，收字324个。但时隔半年，1936年2月西山会议上，戴季陶演出了向蒋介石下跪，"为汉字请命"的丑剧，蒋介石立即下令不必推行"简体字表"。可见，汉字简化的社会呼吁由来已久，但总是难成正果。

抗战时期，在中共领导下的解放区，使用"油印""石印"来印刷书报，为了快捷、易行，采用了大量的手头俗字，也创造了不少简笔字。这些简笔字的运用，为新中国推行简化字积累了有益的经验。

《说文解字》本来就有简笔字

古代简笔字，虽说大都在民间流行，但中国现存的第一部文字学专著《说文解字》（东汉许慎撰）早就收录了不少简笔字，并列为正字，这对推广使用简笔字，无疑产生了巨大的历史影响。对此，宋代洪迈在他的《容斋随笔》卷五中，曾以"字省文"为题，举例做了具体介绍：

　　　　今人作字省文，以"禮"为"礼"，以"處"为"処"，以"與"

为"与"。凡章奏及程文书册之类不敢用,然其实皆《说文》本字也。许叔重释"礼"字云:"古文。""处"字云:"止也,得几而止。或从處。""与"字云:"赐予也,与與同。"然则当以省文者为正。

洪迈说的"字省文",就是简笔字,也就是今天所说的简体字。人们一般认为简笔字多是后人图省事而创造的,其实不然,洪迈所举的"礼、处、与"几个简体字例,原来都是《说文解字》中的本字,许慎(字叔重)都做了很简明的解释。这说明早在西汉甚或更早的时代,就已有了这些简体字。由此,我们发现一个有趣的"秘密":既然《说文解字》里早有一个简体"处"字,而当代文字改革,在确定规范的简体字时,为何把一个早有历史影响力的五画正写的本字"处"弃置不用,偏要另造一个五画"处"字出来? 实在令人困惑。

汉字简化的法规出台

1950 年,国家教育部即开始为拟订简体字表做准备。1955 年 1 月,中国文字改革委员会发表《文字简化方案(草案)》,公布了 798 个简体字,广泛征求意见。1956 年 1 月 28 日至 1957 年 7 月间,中国文字改革委员会根据国务院的决定,先后推出了 4 批简化字。许多难写难认的繁体字都被简化了,汉字面貌为之一新。这些文件都具备法规性的权威。

1958 年 1 月,周恩来总理作了题为《当前文字改革的任务》的重要报告,提出了当前文字改革的三项任务,头一项就是简化汉字,另外两项则是推广普通话、制定并推行汉语拼音方案。在谈到汉字的前途时,周总理在报告中说:"我们现在还不忙作结论","大家有不同意见,可以争鸣"。周总理的这个报告对汉字改革的阐述比较科学和符合实际,大大提高了人们的认识。在汉字简化的具体工作中,他始终给予关心与支持,花了大量的心力,亲自主持国务院全体会议,专门讨论汉字简化工作,甚至就一些汉字究竟如何简化,也发表过自己的见解。例如,"妇"字的繁体一直是"婦",简化后许多人都不习惯,议论纷纷,认为还是繁体"婦"字有意思,好记,左边"女"字旁指妇女,右边的"帚"是扫帚,组合在一起,表示妇女拿着扫帚做家务劳动,生动形象。现在改成"女"和"彐",有些不伦不类。意见很快传到了周总理的耳朵里,他笑着说:"我觉得这个字改得就很好,'女'加歪'山',分明是指当今的妇女推翻大山得到了解放嘛!"听了周总理这一番生动幽默的解释,所有的人都会心地笑了。又如"葉"字简化为"叶"时,有人表示异议,认为"叶"字读 xié,和"葉"的读音不同,字义也有区别。"葉"是树叶,而"叶"一般只用于"叶韵"等词。但也有人认为这种用法已在民间广泛流行,并未造成混乱,应该尊重群众的创造。两方各执一词,相持不下。这时周总理发觉坐在他对面的,正是一位姓"叶"的外贸部部长叶季壮,于是便问道:"你这位姓叶的有什么意见?"叶部长态度很明确:"我赞成以'叶'代'葉',这样写起来省事多了。"于是,周总理环顾四周,微笑着说:"大家看看,人家姓叶的都表示赞同,我看就通过吧!"从此,"叶"便正式成为简化字。

1964 年,中国文字改革委员会公布的《简化字总表》共 2236 字,简化了繁体字 2264 个,笔画减少了一半。这 4 批简化字的推行,简化了 3500 字,减少了 1100 字。相对应的繁体字在一般情况下被淘汰不用了,但繁体字并非古字,作为文化遗产仍有保存的价值,特别是阅读古书和研究古籍,它还是不可或缺的工具。汉字在正式简化前,每个字平均 16 画,简化后只有 8 画,简化字在文章中的出现率占 1/3。这不仅对提高人民群众的文化水平,发展社会主义科学文化事业大有好处,而且是对几千年来汉字简化的历史性总结。

新颁《通用规范汉字表》

2013 年 8 月,教育部宣布,研制了 10 年的《通用规范汉字表》正式公布。其重要信息数据有以下几方面。

一、常用字表的调整

《通用规范汉字表》共收字 8105 个,共分三级:一级字表为常用字表,收字 3500 个,主要满足基础教育和文化普及的基本用字需要;二级字表收字 3000 个,常用度仅次于一级字;三级字表收字 1605 个。《义务教育语文课程常用字表》根据"一级字表"调整,替换了 103 个基本常用字。

二、简体字与繁体字的运用

在公布的《通用规范汉字表》中,新收录了 226 个简化字,其中,有 166 个曾被《现代汉字词典》和《新华字典》收录,51 个见于其他多种辞书,9个出自频度较高的姓氏人名,以及现代科技用字,例如傣、闫等。但,没有恢复一个繁体字。

根据相关方案,繁体字在下列情形中可以保留或使用:文物古迹;书法、篆刻等艺术作品;题词和招牌的手书字;教学、研究、出版中需要使用繁体字等。

三、异体字转正

《通用规范汉字表》还将45个异体字调整为规范字。此次字表的制定,收集了18个省市户籍调查资料,许多大家喜爱的人名用字都在字表中得到了"转正",例如喆、堃、淼、皙、甦、犇、飏、酉等。其中,"昇"用于人名时,不再作为"升"的异体字;"喆"用于人名时,不再作为"哲"的异体字;"皙"不再作为"晰"的异体字,形容人的皮肤白,得用"白皙"。还有"噘"指噘嘴,不再作为"撅"的异体字。"瞋"指发怒时睁大眼睛,不再作为"嗔"的异体字。

往日,不少汉字在电脑字库中打不出,一些人在办理登机牌或其证件时只能用"?"或"口"之类符号来代替,如今终于有了"合法"身份。

汉字规范工作是一项长期而艰巨的工作,还需要全民共同努力。例如,很多人在起名时为了避免重名,使用一些生僻字或者自造字。二代身份证普查时,公安部发现人名中有8000多个字在任何字典、甚至国际字库里都查不到。《通用规范汉字表》研制组组长王宁先生透露,为避免这一情况,新的户籍法有望对人名用字进行规定。公安部正在制定"姓名用字字库",今后将引导大家尽量使用规范汉字起名。

四、网络用字

据说在研制规范汉字表的过程中,也考虑了网络用字的情况。不过,网络用字相当混乱,不赞成人们频繁使用一些网络用字,比如"囧"之类的字是非传承用字,在文字意义上,可以选用其他规范字替代。

汉字简繁文本智能转换系统发布

众所周知,简化字不只是个别字简省了画笔而已,它还有大量同音替代、偏旁推类的问题,一个简化字代替了好几个字,因此在简繁形体认知上难免出现混乱。例如"岳王庙"错成"嶽王庙","皇后"错成"皇後","发展"错成"髮展","面包"错成"麵鲍","黄山松"错成"黄山鬆"等。这不只是错了个把字,而是对一段话的文脉语境之误读,认知上可能会产生大问题。

在实际工作中,汉字繁简文本需要相互转换是常有的事。人工手写转换较为麻烦,因此电脑转换系统是一种必需品。2014年,"汉字简繁文本智能转换系统"在京发布。有了这项技术,就可以让繁体字、简化字的转换不再是难事,精准度也一再提高。

第三节　从文言到白话

文言者,乃古人为文的语言也。因为历史条件的局限,古人创造了适应当时需要的"文言"。"文言"晦涩而难懂,所以近代才有了"白话文运动"。

文言是历史特产

文言是古人的书面语言,它和当时的口语差别不大,但有别于口语。

一、文言何以成书面语体

古时候,人们说话和写文章为什么要用不同的语体? 这个问题恐怕很多人都想不明白。其实,古人最初的书面语体,和口头语体的差别并不太大,这里有一个渐变的过程。大体说来,似乎有这么几个变异的原因:

1.因为汉字难写而尽量少写

古代的繁体汉字,笔画很多,因为难写,所以只好节省着写,把那些可有可无的虚词和衬词都省掉,最后语句就变得简练了。

2.为了节约书写成本而尽量少写

在纸张发明以前,我国古人写字的难度是很难想象的。最早是把汉字刻写在龟甲和兽骨上;后来刻在石鼓等石头上;再后来,又铸造在金属器皿上。尽管写字的介质有了变化,但依旧写之不易,不要说写长篇文学作品,就是记录政府文告,也得尽量省字。

汉代以后,能便于书写并持之交流的介质除缣帛(帛书)之外,大量使用的是窄而长的"竹简"(长条状的竹片)或"木简"(长条状的木片)。无论是用绳索连接在一起的"简策"或"简册",还是后来用绢绸写字的"帛书",成本都是相当大的。况且"简"片上可以书写的面积也很有限,简片成册又很笨重,所以著书立说时需要运用的文字必须简约,一定精之又精,要以最少的汉字概

153

括表达尽可能多的汉语含义。用这种精益求精的"文言"写出来的文章,通常称之为"文言文"。

3. 书写者故意制造繁难以便文字垄断

除了上述两大客观原因之外,还有一个人为的因素,那就是书写者故意制造书面语体的繁难,以便为特权者所垄断。起先是"巫",后是"史",再后是"士",这些人都是古代掌管意识形态的人,他们都有一个共同的倾向,要把文字摆弄得繁难,使之神秘。因为一旦通俗易懂,甚至普通百姓都可以口诵心念,他们的解释权也就很难保有了。

二、文言文的基本特征

千百年来,文言文又泛称"古文",就是说,文言文是古代汉语。古文是一个通俗、笼统的概念,如果从长达数千年的汉语史角度看,可分为上古汉语(通指汉代以前的古汉语)、中古汉语(一般指魏晋南北朝以及隋唐时期的古汉语)和近代汉语(一般指宋元明清时期的古汉语)三种。作为一般学习古籍所涉文言文,不必这样细分。

1. 文言文的文体

文言文的文体种类有数十种之多。一个时代有一个时代的特征,一种文体有一种文体的规范,一个作者有一个作者的风格。历史上,各个时期出现了多种文体。《书经》(即《尚书》的古称)、《易经》这些古籍离我们较远,文字简古,理解起来比较困难。到周秦诸子百家时期,《论语》《孟子》《吕氏春秋》等著作,虽较周秦以前的文字易懂,然难全懂。至于汉赋,文章变得辞藻堆砌,富丽堂皇，一则不易理解，二则重于形式，内容可取者不多。到了南北朝，又兴起"四六骈体"文，这种文体的句式多以四字句和六字句为主，词句骈偶对仗，讲求声韵，辞藻华丽。骈文因过于受形式束缚而轻视内容，不能充分表达人们的思想感情，也不易讲透道理。一直到唐代，"文起八代之衰"的韩愈提倡古文运动，才把这种骈体文反掉了。从韩愈到"三苏"，他们所写的散文能够清楚地表达情感和见解，文字形式得到改善，思想也随之解放。到了清代，安徽"桐城文派"的姚鼐编《古文辞类纂》，吴楚材等人编《古文观止》，才大体上将历史上较为优秀的古代散文选定。这里说的"古代散文"，指的就是后人所公认的古文。

2. 文言文的文法

文法就是书面语法。文言文以古人说话的方法，形成一整套文法规律，言必有"之乎者也"。古代汉语言简意赅、用字简约，语句以单音节词为主，实词、虚词都严谨地运用。文言"实词"是虚词的对称词，能单独充当句子的成分，是表示人或事物及其动作、变化、性状等概念的词，如名词、动词、形容词等；而文言"虚词"则是实词的对称词，它不能单独充当句子的成分，但同句子的语法结构密切相关，如介词、连词、助词、代词等，这就是通篇有着"之乎者也矣焉哉"的缘故。像"兮"这个字就是文言文常用的一个助词，跟汉代汉语中的"啊"相似，如"大风起兮云飞扬，力拔山兮气盖世"。此虚词"兮"字，在句子中起到了语气助词的作用。

3. 文言文的修辞

文言文最讲究修辞，即依据题旨情境，运用各种语文材料、多种表现手法,来表达写作者所要表达的思想内容。修辞有多种形式,如比喻、借代、讽刺、夸张、反语、双关等。这些手法奇巧、生动有趣的修辞类型,在古今大量著作乃至文字游戏中都能见到。

现代汉语中有大量的成语和典故,如运用得当,则显得异彩纷呈,字字珠玑。"成语"是习用定型的词组或短句,而"典故"是典型的历史掌故,都具有深邃的思想启迪作用。它们是古人在长期运用文言文的历史过程中创造出来的,并作为宝贵的文化遗产留给了我们。例如成语"青出于蓝"出自《荀子》,"守株待兔"出自《韩非子》等。

4. 文言文"之乎者也"的特殊功能

文言文是古人的书面语言,既不断句,也无断句的标点符号可以利用。然而语言是有分句的、语气的,怎么办?聪明的古人居然用"之乎者也"这些虚词在文中充当断句的字符。这些虚词原本只表达语气,不必读出声音,但随着语气提示符逐渐转化为语气词,它们也就在后人阅读古文时被读了出来。日久天长,先秦以来的经典中所有断句与语气提示符,势必逐渐变成与口语中的白话语气词相对应的书面语气词了。这种演变,今人阅读古籍必须懂得,从而有效地发挥"之乎者也"的作用。

白话文运动的发生与发展

西汉以后,独尊儒术,撰写儒家经典的"文言文"成了社会公认的语言规范。随着时代的变迁,文言与口语的距离越来越大,语言的发展已不能适应社会发展的需要了。为改变这一状况,使书面语言能让群众听懂,新颖的"白话文"悄然兴起。人们采用比较接近当时口语的所谓"变体""语录"一类文体,首先传播佛教的教义,使佛经别开新面。到了明清时代,人们又开始用当时的口语来写章回小说。这都表明古人已经认识到白话和文言的距离,并逐渐将"白话"引进了书面语。但是,直到清代末年,白话文还只是在通俗文学的有限范围内使用,而文言在整个书面语言中仍占主导地位。

为了让广大群众都能读懂书面文字,许多有识之士先后提出主张:书面语应该与口语一致。

公元 1861 年,太平天国洪仁玕根据洪秀全的指令,颁布《戒浮文巧言谕》,倡导书面文字"不须古典之言","总须切实透明,使人一目了然"。尽管太平天国后来失败,但它倡用白话文,意义还是深远的。

晚清和民国之初,"诗界革命"的旗手黄遵宪提出用白话写诗的主张,"我手写我口"是其行动口号。在维新变法的浪潮中,裘廷梁认为"白话是维新之本",把语言变革提升到了维新的高度。

从清末到民国初年,连着发生了几件大事:1905 年,科举制度被废除;1911 年,辛亥革命成功,一举推翻封建帝制;1916 年,粉碎了袁世凯称帝的复辟梦。1915 年,陈独秀在上海创办《新青年》杂志,并运用杂志大力宣传科学与民主。在清算封建文化的进程中,人们思想的解放带来了文体的解放。这一切都为白话文运动的兴起奠定了思想基础。

1915 年,24 岁的留美学生胡适就中国的文字改良问题,与旅美的中国同学任鸿隽、梅光迪、杨杏佛等进行了辩论,得出"文言是半死的文字"的结论,进而提出要以白话为正宗的"文学革命"主张。1917 年 1 月,胡适在《新青年》杂志第五号上发表《文学改良刍议》一文,强调白话文学是中国文学的正宗,认为真正的文学应当"实写今日社会之情状"。这个意见很快得到了陈独秀、钱玄同的响应。历史表明,《文学改良刍议》的发表,是白话文运动兴起的号角。胡适认为,"今日之文言乃是一种半死的文字;今日之白话是一种活的语言,白话并不鄙俗,俗儒乃谓之俗耳;凡文言之所长,白话皆有之;白话乃是文言之进化;白话可以产生第一流文学;白话的文字既可读,又听得懂"。我们从这个角度来评价胡适,说胡适是"白话文之祖"并不为过。

胡适还提出,"白话"不仅可以作文,也可以作诗,并且以"自古成功在尝试"的勇气,作了中国第一批白话新诗。新文学大军在陈独秀、胡适两位的引导下,狂飙突进,席卷整个文学营垒。陈独秀、钱玄同直指"桐城谬种""选学妖孽";胡适进一步提出"国语的文学,文学的国语"十字方案;周作人很快宣传"平民文学",他用清新的"小品散文"打破了"美文不能用白话"的旧传统;鲁迅明白,在传统中国,小说是向来不算文学的。他觉得自 18 世纪末的《红楼梦》以后,实在没有产生什么较伟人的作品。小说家鲁迅开始了"文学革命"运动,他所贡献的《狂人日记》《孔乙己》《阿Q 正传》等深刻尖锐的小说,开创了新文学中白话小说的先河。1918 年 1 月,《新青年》杂志全面改版为白话文。同年 5 月,鲁迅的《狂人日记》在《新青年》杂志上发表,标志着白话文运动首先在文学方面取得成绩。年底,李大钊、陈独秀创办白话周刊《每周评论》,北大学生傅斯年、罗家伦等创办白话月刊《新潮》。随后,鲁迅又提出:白话文应该是"四万万中国人嘴里发出来的声音",这就是说,白话文应该是当时中国人的口语,是体现时代精神的语言。

1919年,五四运动爆发,对白话文运动起到了推动作用。一年之内,全国就推出了400多种白话文报刊。第二年,小学课本也改用了白话文。1946年5月,郭沫若的《浮士德》全译本告竣,他在译后记中感慨地写道:"我们的五四运动很有点像歌德时代的狂飙突进运动,同时由封建社会蜕变到现代的一个划时代的历史时间。……"郭老对五四运动的评价具有代表性,五四运动推动着新文化的到来,"文言"走向"白话"自在其中了。

白话文运动并非一帆风顺,也遭到一些死抱文言文不放的学者的反对,像古文家林纾就攻击白话文是"引车卖浆者言",意思就是干卑贱低下事儿的粗人说的话。林纾的攻击,受到时任北大校长蔡元培的驳斥,从而引发一场白话文与文言文的论战。这场"文白论战"的结果是白话文取得了胜利。从此,写白话文成为有识之士的时尚与重要践行,毛泽东就是其中的突出代表。无论他的政论,还是哲学文章或诗词,无不深入浅出,使用了道地的口语。即使引经据典也文白交融,叙说人文故事更是形象生动,因此有人评价"润之的白话文是天下第一者"。

白话文依赖普通话

"白话"是老百姓的口语,"方言"亦然。然而方言往往奇异

费解,离开了方言圈,外地人往往对许多方言土语是很难听懂的,甚至不知所云。例如:

搭帮你,把我的马看好! 不然……

这是少年曾国藩在土地庙里,对"土地爷"说的话,充满了童趣。这"搭帮你"是"麻烦你"的意思,是典型的湖南方言,外省人难解其意。再如昔日中国老百姓见面,都习惯地问候"吃了吗"。据考证典籍,此语最迟源自中国第一则乡约——北宋《吕氏乡约》。乡约规定:"凡往见人,入门必问主人食否,……度无所妨,乃命展刺。有妨,则少候。"也就是说,不管到哪家去,进门先要问人家吃了没有;如果即将开饭,那就等人家用餐后再进去。否则人家在吃饭,你在旁边瞧着等候,很不方便,还会有蹭白食的嫌疑,彼此都尴尬。这句问候话,早在400年前明代的《南明行纪》中,葡萄牙人来中国传教,就记载广州人见面总爱问"食饭未晒",这是粤语"吃了吗"的音译,证明此语由来已久。至于后世普遍认为的它是因为灾荒饥馑而相互关心,乃误解。这句问候因方言不一,众说纷纭。据传康熙年间,朝廷搞过"千叟宴",招待来自全国的老人吃饭,众多老汉土得掉渣儿,不懂朝廷礼节,见到皇上又要问候,于是乎纷纷问康熙吃了没有,但又不会文绉绉地说"食否",只能各操各的家乡方言:

广东的问:"食咗未";

浙江的问:"食掉歄";

福建的问:"汝食未";

河南的问:"吃罢冇";

贵州的问:"企莽没";

……

如此这般,搞得康熙皇帝晕头转向,不知所以。如果用上述这样方言型"白话"写所谓的白话文,势必成为并非文言的新"文言文",谁能听得懂呢?所以,"白话"固然要接地气,但不等于草根"方言"。欲写出大家都能读懂的白话文,就必须大力推广普通话,用标准的普通话写真正的白话文。

推广普通话,并非今日之发明,更不是凭空产生的,其实古已有之。各朝各代都有民族共同语,有公认的标准语音。这在夏、商、周、先秦时期称为"雅言",汉代起被称为"通语",到了明代改称"官话",它都类似当时的普通话。孔夫子弟子三千,来自五湖四海,他们如何听懂夫子所言呢?《论语》说:"诗、书、执礼皆雅言也。"孔夫子与弟子交流用的就是"雅言"。

1912 年,清王朝被推翻,北京官话的标准音地位受到质疑,而蜚声海内的教育家王照则坚持以北京话为汉语标准音。随后多年,又有"老国音"和"新国音"的更迭变迁。五四运动前夕,有识之士推动了"国语运动",确立以北京话为我国的"国语",此称呼一直沿用到新中国成立。在此期间的漫长岁月,许多有志者为推广以北京语为主的普通话做了艰苦的努力。

新中国成立前夕,文字改革专家吴玉章先生致函毛主席,提出各地方要以较普遍的、通行最广的北方话作为标准,使全国语言有一个统一发展的方向。毛主席对此十分重视。1949 年 10 月 10 日,中国文字改革协会成立,吴玉章任该会主席,丁西林、田汉、李立三、何其芳、徐特立、郭沫若等 78 人为理事。当时的"文字改革"任务,包括整理和简化汉字、推广普通话、制订和推行《汉语拼音方案》三大项在内的国家"语言计划"的整体。从此,"推广普通话"便成为我国文化建设的一项基本国策。

　　1956 年 2 月 6 日,国务院向全国发出《关于推广普通话的指示》,对普通话的含义做了增补和完善:"以北京语音为标准音,以北方话为基础方言,以典范的现代白话文著作为语法规范。"这样,普通话正式确立为现代汉民族的共同语,其推广工作便逐渐进入正轨。

第四节　标点乃汉字的亲密伙伴

　　标点符号是辅助文字记录语言的符号,是书面语言的有机组成部分。标点符号是汉字的亲密伙伴,是汉字密不可分的合作者,更是得力助手。一百年前的人们似乎并不十分懂得标点符号的重要和好处。随着文化的发展,古人为了"断句"或表达语气,渐渐地便有了这样或那样的"标点"。有一则老故事,说的就是标点断句的趣事。

　　明代有一位大名鼎鼎的文人徐文长,人称"滑稽才子"。有一次他访友,因为正是黄梅季节,淫雨连绵,数日不晴。他一连多少天没有回家的意思,在好朋友家里稳吃安睡,谈天说地,好像在自

己家里一样。日子久了,朋友总觉不便,想逐客,又不好意思开口,于是就在客厅醒目的地方贴了一张字条:

下雨天留客天留我不留

朋友写这行字的本意是:

下雨天留客,天留我不留。

心想:"你这个滑头的徐文长,看了这个字条还好意思不走吗?"徐文长信步来到客厅,抬头见到这字条,驻足默念,不禁恼怒起来,想:"哼!用这个办法叫我难堪,亏你想得出,做得来!"徐文长见这十个字一气呵成,没有断开,更无标点,于是计上心来,随之吟道:

下雨天,留客天,留我不?留!

一字未变,仅仅因为停顿的位置不同,再念出语气,意思就截然相反。然后,徐文长还故意表达谢意。朋友本想逐客,却弄得下不了台。很显然,明朝时写字还没有加标点的习惯,也无合适的标点可用。就是这样未加标点的两句话,让客人钻了空子。

这个故事在民间广为流传,给听者留下的是一个共同印象:"标点断句"何等重要!

古文无标点的尴尬

古文不加标点断句,实在是古人没有把事办好。对于语言发生巨大变化的今人而言,自然加大了读懂古文的难度;即使在古代,人们也常因文章不加标点而不解,甚或产生误解。不妨举一实例,《韩非子·外储说左下》曰:

> 哀公问于孔子曰:"吾闻夔一足,信乎?"曰:"夔,人也。何故一足?彼其无他异,而独通于声。尧曰:'夔,一而足矣,使为乐正。'故君子曰:'夔有一,足。'非一足也。"

这一段古文,翻译成白话是这样:

> 鲁哀公问孔子,说:"我听说夔只有一条腿,是不是?"孔子说:"夔是人,为什么只有一条腿?夔与常人没有其他不同,就是特别精通音乐。尧说:'像夔这样的人才,有一个也就足够了,让他去当乐官吧。'所以君子说,夔有一个就够了,并不是说夔只有一条腿。"

试想,如果古书上有标点断句,使鲁哀公看到的不是"夔一足",而是"夔一,足",他又何至于闹出这样的笑话?!清代末年,有个叫林纾的翻译家,用文言翻译了许多外国小说,翻译中每次遇到外国原著上的省略号,他便无计可施,只好在译文中的相应位置写上"此语未完"四个字,来代替那个叫他伤透了脑筋的省略号。可见,没有标点,多么麻烦,何等尴尬!

古书上虽没有标点符号,但古人并非没有这方面的要求。一旦读书,就得下功夫断句,才能明白字里行间的意思。南开大学文学院孟昭连教授有他的新见解,他写了一篇题为《破解"之乎者也"千古之谜——文言语气词非口语说》的论文,对"之乎者也"的产生、消失、实际功能等详加论述,认为传统语言学所谓"古代文言没有标点"的观点,是一种莫大的误解。文章指出,"之乎者也"之类的所谓"语气词",就是古代最早的一种标点符号。先秦口语中并没有语气词,不同的语气是用声调的轻重、缓急、高低来表现的。当口语转化为书面语时,古人就借用了一批本来属于实词的文字作为每一句的提示符号,既表示停顿,也提示这一句的语气声调,阅读时"之乎者也"只起到提示作用,并不需要读出声音来。孟教授更说:"古人发明文字,就是为了记录语言、表达思想。不告诉读者应该在何处停顿,语气如何,岂非自设迷阵,不想让人看懂?"孟教授的论文已在学界引起强烈反响。专家称,这一结论对传统语言学中的"文字是语言的客观反映"观念是一个巨大冲击,中国古代语言发展史很可能因此而改写。

正因为使用标点断句一直是读者的需求,所以到了汉朝便开始出现了分章断句的"传注章句"之学。《说文解字》里就收录了当时断句的"记号"。标点断句,古人通常以"句读(dòu)"一词称之,其作用与今天的"句号、逗号"差不多。韩愈在他那篇著名的《师说》中写道:"彼童子之师,授之书而习其句读者……"可见那时发蒙的儿童就是从学习标点断句开始的。

五四新文化运动之后，历史进入现代社会，随着白话文的推行，古代传下来的文言不得不退出历史舞台。把古书文言文标点了再排印出来，以便于人们阅读，便成了紧迫的现实需求。直至今日，标点古书仍然是古籍整理的重要内容。

标点符号终于来了

过去，很多文人写东西从头至尾都不打一个标点符号，除了这样或那样的原因之外，还可能有一个重要原因，就是心理状态古怪，认为别人越是读不懂他的文章，就说明他的学问越高深，他也越引以为荣。

再说，过去也没有像今天这样现成一套完整的标点符号可供人们使用，这当然是最根本的客观原因。今天这样的标点符号，还是近半个世纪前才兴起的哩！

一、最初"分行"断句

古人写文章，想在文章中断句者，有！最早采用的办法是"分行"，就是写完一句，把下一句写到下一行，表示句子中间的停顿，就是一行一句。据考证，甲骨文中就有这样的办法。那些甲骨上面的一行又一行的文字，便是几千年前的人在写作时有意分开的，目的是用分行的形式把语句断开，起着标点的作用。但严格而言，这并非标点。不过，这种情况在商周两代的典籍中并不普遍。后来，人们又用过"离经"的办法来断句。

"离经"是什么意思？郑玄曾解释为"断句绝也"，也就是句与句断开。

二、开始"句读"断句

大约到了 1800 多年前的汉代,文人学者比较讲究行文的章法,便有人提倡用所谓"句读"断句,开始创造符号。凡语意完整的一小段话,语气上可以做较长停顿的,叫"句";语义没有完,语气上可以做较短停顿的,叫"读"。古代"句"的读音跟"钩"相近,所以表示"句"的符号写成"l";而"读"的读音跟"逗"相同,表示"读"的符号写成"、",这种点子圆不圆、尖不尖的。这两种符号,大致相当于现在的句号和逗号。20 世纪初发现的汉简《流沙坠简》中,就有使用这两种符号的简片。

到了宋代,"句读"两种符号的形式又有了两种变化:一种是句号写成"o",逗号写成"、";另一种是句号和逗号都用同样的"点",句号的"点"用在字旁(因为文字竖直排版的缘故),而逗号的"点"则用在两个字之间。在许多情况下,差不多都是打"点"子,一直点下去。当年的句读符号,多半用在咏诵或校勘方面,在一般的书籍中,用得也并不很多。

直至宋、元以后,句读符号的使用范围才从校勘扩大到了一般的书籍。元代和明代的刻本小说中,常常在一个句子的结束处加圈"o",也有一律用点"、"或圈"o"的。例如:

赵钱孙李周吴郑王、
冯陈褚卫蒋沈韩杨、

子曰学而时习之。
不亦悦乎有朋自
远方来不亦乐乎

还有一种方法是既打点子又打圈，读的时候，逢"圈"的地方就做语气的停顿。例如：

孟、子、见、梁、惠、王、王曰。
叟、不、远、千、里、而、来、亦、
将、有、以、利、吾、国乎

过去阅读古书，大概就这么几种以标点断句的办法。很显然，这种打圈、打点子的办法很简陋，很不够用，它不可能正确地、完全地表示出语言的各种特征，难以将句了的意思充分表达出来。于是，半个世纪以前，一些有学问的人根据中国原有的句读办法，并吸取了外国的标点符号，经过许多研究与改进，终于有了进一步适应需要的标点符号。像明代的刻本小说就增添了两种符号：一种是在人名右边(因为文字竖直排版的缘故)加一条直线表示人名号，另一种是在地名右边加两条直线表示地名号。

"标点"这个名称，宋代就有。《宋史·何基传》说："凡所读，无不加标点，义显意明，有不待论说而自见者。"据清人钱泰吉《曝书杂记》所载，元人有标点五经。只不过，那时所说的标点太简单，实际上还是阅读古书时添加的句读符号，也可叫旧式标点。广泛使用今天成套的标点符号，确乎经历了相当长的过程。

引进新式标点

西方新式标点系统的奠基人是意大利语法学家和出版家 A. 马努提乌斯，他以语法原则取代诵读原则，制定了 5 种印刷标点：逗号(,)、分号(;)、冒号(:)、句号(.)和问号(?)。这几种基本标点不仅用于他出版的上千种图书，而且陆续为各语种普遍采用。15 世纪印刷术发明后，印刷界希望统一标点符号，因此各式各样的标点符号纷纷出现。

中国的大门被打开之后，派往国外的留学生渐多，中国对外交流频繁起来，标点符号亦随之传入中国。第一个从国外引进标点符号的人是清末同文馆的学生张德彝。1868 年 2 月，前驻华公使蒲安臣带领"中国使团"出访欧美，张德彝位列其中。他有一个习惯，即无论到哪个国家，都喜欢把当地的景色、人物、风俗习惯记录下来，以《述奇》为名编成了册子。他在《再述奇》(现名为《欧美环游记》)中有一段介绍西洋的标点符号，说："泰西各国书籍，其句读勾勒，讲解甚烦。如果句意义足，则记'。'；意未足，则记'，'；意虽不足，而义与上句黏合，则记'；'。"虽然张德彝不是有意识地向国内知识界引入标点符号,甚至带有反对的口气,觉得这些标点烦琐,却在无心插柳的过程中为中国语言符号的发展带来了信息新风,让有心者得以借鉴。

1897 年,广东东莞人王炳章最先根据我国原有断句方法,吸收国外新式标点,草拟了 10 种标点符号,即","读之号,"。"句之号,"o"节之号,"∨"段之号,":"句断意连之号,"-"接上续下之号,"?"诘问之号,"!"慨叹之号,"!"惊异之号,"<>"释明之号,并倡议采用。

我国的新式标点,到清代末年才算正式开始使用。1904 年,严复撰写的《英文汉诂》一书,是最早把外文中的标点用到汉语中的著作。1909 年,鲁迅与周作人共同翻译出版《域外小说集》,引进使用好几种标点符号,并新创两种符号,还在"略例"中专门介绍书中使用的标点符号。1915 年,胡适在《新青年》上发表了《论句读及文字符号》一文,提倡使用新式标点符号,在学术界引发一场激烈争论。应该说,他是我国现代标点符号系统使用、推广及规范化建设的首倡者与实践者。1918 年 5 月,语文学家陈望道用文言文写了《标点之革新》一文,在《学艺》杂志第三卷上发表;不久,他又写了《新式标点的用法》,发表于 1919 年的《浙江省立第一师范校友会十日刊》一至五号上,全面系统地引进并介绍了 10 种西洋标点符号。

1918 年 5 月,陈独秀、李大钊主编的《新青年》杂志从第四卷开始,全部改用白话文,并采用新式标点。这是新式标点最早在中国白话文中的使用。一时间,新式标点符号令人耳目一新,影响很大。

当年的出版物大多都是竖直排版的,而新式标点却是从横排的外文中借用过来的。所以,在使用过程中,有时会觉得不太切合汉语的实际情况,于是,使用者就对新式标点进行了若干修改。但是,一修改又出现了一个标准不统一的问题。1919 年,周作人、钱玄同、朱希祖、刘复等文化名人代表"国语统一筹备会"向当时的北洋政府提出《请颁行新式标点符号》的建议。1920 年,旧教育部以第 53 号训令的形式通令全国,算是正式颁布了《采用新式标点符号》文。这个议案列出并推广 12 种标点符号。它们是:

句号	。	点号	、
分号	;	冒号	:
问号	?	惊叹号	!
引号	「」『』	破折号	——
删节号	……	夹注号	( )
私名号	＿	书名号	～～～

为了醒目起见,新颁的标点符号把西方使用的"."改成"。"。为适应当时中文竖排的需要,西方使用的双引号""和单引号''改成『』和「」。由于汉语是方块汉字,不像西方文字的人名和地名的开头用大写字母表示,所以新颁的标点符号增加了私名号(表示人名的符号)和书名号。前面 6 种是表示语言的种种停顿的,语言的停顿属于哪种性质,书面就用哪种符号。可以说,这 6种符号是直接根据语言而来的。后面的 6 种,完全是书面的符号:看书时能认得清是什么符号;如果照着书面念,听的人就不一

171

定辨得清是什么号了。

践行《标点符号用法》

现行的《标点符号用法》,是我国一项重要的国家标准GB/T15834-2011,是国人写字、行文和新闻出版,直至网络文字使用标点符号的唯一依据。所以说,正确执行《标点符号用法》国家标准,人人有责。

一、教你一首《标点符号歌》

作为国家标准的《标点符号用法》,对各种符号都一一做了准确的规定和说明,条款严密。要想将如此之多的条款都背记下来,显然不易。为此,现将20世纪流传的一首《标点符号歌》,再次向广大读者推荐,仍不失实用的意义。唱会这首歌,基本上就能领会并会用常见的标点符号。

标点符号歌

写文章,要周到,讲清楚,最重要。

说话中,应停顿,一口气,说不了。

要清楚,有门道,加标点,用符号。

学习标点并不难,形状用法要记牢。

句号(。)是个小圆圈,用它表示话说完。

逗号(,)小点带尾巴,说话没完才出现。

问号(?)好像耳朵样,表示一句话问完。

叹号(!)好像小炸弹,表示惊喜和感叹。

顿号(、)像粒黑芝麻,并列词语点中间。

分号(;)两点拖尾巴,并列分句中间点。

冒号(:)两个小圆点,要说的话写后边。

引号("")两对小蝌蚪,引文引语在中间。

引人的话用引号,话里套话分双单("''')。

引号还可标书名,常用尖括来替换(《》)。

说话特别重要处,字下加个小圆点(.)。

省略号(……)六个点,表示意思还没完。

破折号(——)一条线,表示注释和突变。

中间夹入注释话,一对括号要用全([]())。

学标点并不难,多看多用就熟练。

这首歌生动形象,易懂易记,它可帮助我们记住并正确使用标点符号。歌中列举的标点符号只有 14 种,除个别的随语言文字的发展而有变化外,其余均为 1951 年 9 月颁布的《标点符号用法》中的规定:一类是点号,一类是标号。然而,现行的国家标准《标点符号用法》中的标点符号,已增至 17 种,其中点号 7 种(用于句末的为句号、问号、叹号,用于句内的为逗号、顿号、分号、冒号),标号 10 种(引号、括号、破折号、省略号、着重号、连接号、间隔号、书名号、专名号、分隔号),歌中没有的 3 种(连接号~、专名号____、间隔号·)有必要再去学一学,以补歌中之不足。

第四章

汉字的文化传承

什么叫文化?《易经》中说:"观乎天文,以察时变;观乎人文,以化成天下。""人文化成"即"文化"。

中华文化历史悠久,光辉灿烂。中华文化的传承,汉字的功绩大焉! 汉字与汉语是一脉相承的整体,通常谓之"语言文字",简称"语文"。这里所说的"语言",包括方言、普通话;这里所说的"文字",具有形音义、声韵调。语文有字词句,语义有意内言外;文字自身还有象形、指示、会意等,经历了篆书、隶书、楷书、行书等多种字体的变迁,又经历了繁体、简体的变革;语文中有一字多形、一字多音、一词多义、古今异义、语句歧义等等文化现象,因此有的话语,公认为"通",或公认为"不通",于是又涉及表达的文法问题。可以说,中国文化源远流长,博大精深。汉字对文化而言,是基础的基础,甚至可谓"一字即一部文化史"。

号称"汉语拼音之父"的周有光先生,对语言文字曾有过全面而详尽的论述。他特别指出:"语言使人类别于禽兽,文字使文明别于野蛮,教育使先进别于落后。"文明与文字密切相关,所以中华民族自古就对汉字非常敬畏,古人写字之前多洗手,再端坐案前铺纸、磨墨而握笔。古人视汉字如神圣,就连写有汉字的废纸,也不能随意丢弃或践踏,"敬惜字纸"无疑体现了古人对汉字的一种心态。笔者幼年上私塾时,先生就专门进行过"敬惜字纸"的训导,写过字的废纸积在一起,定期到一处塔炉去焚烧跪拜,其中还有一定的仪礼,至今未忘。

第一节 语言文字是一门科学

语言文字以其丰富的内容、繁杂的结构、多样的功能,在运用中妙趣横生,让人既畏惧又喜爱。为了让广大民众了解语言文字,学好语言文字,自古以来无数先贤做了大量工作。

语言文字作为一门学问,其研究的历史甚为悠久,起码可追溯到先秦时期,甚至更久远。先民把汉字称作"文""名""书"或"书契"。据《左传·宣公十二年》记载,楚庄王说,"夫文,止戈为武"。西晋杜预注:"文,字。"《仪礼·聘礼》曰:"百名以上书于策,不及百名书于方。"东汉郑玄注:"名,书文也,今谓之字。"《韩非子·五蠹》曰:"古者仓颉之作书也。"《易·系辞下》曰:"上古结绳而治,后世圣人易之以书契。"可见,"书""书契"也都是指汉字。

至于"字"这个字,在上古时代是"在屋里生孩子"的意思,与今日文字的"字"一点关系也没有。《说文解字》曰:"字,乳也。"《广雅》曰:"字,生也。"这种解释已经非常明白。后来"字"有了"怀孕""出嫁"等引申义。"字"作出嫁讲,在现代文学作品中也有应用,例如茅盾《动摇》有言:"甚至于说,待字的大姑娘,也得拿出来抽签。"这句话里的"字"就是"出嫁"之义(女子出嫁曰"字",应源于《礼记·曲礼》"女子许嫁笄而字"之语。笄指发簪)。而"字"具有"文字"之义,直到秦代才开始出现。"文字"连称,亦始于秦代,据《史记·秦始皇本纪》所载,琅琊台秦石刻有"同书文字"的语句。秦代以后,"文""名""书""书契"等字词的使用渐少,而"文字"一词则流行并沿用至今。东汉著名文字学家、《说文解字》作者许慎对"文字"一词做了这样的解释:"仓颉之初作书也,盖依类象形,故谓之文。其后形声相益,即谓之字。……字者,言孳乳而浸多也。"按许慎的说法,"文"指独体象形字,而"字"是指形声相益的合体字,"文字"连称则指全部汉字,这是文字学对文字的传统规范认识。

所谓"文字学",是指专门研究语言文字的学科。这一名称是近代才有的,早在汉代叫"小学"。小学本指贵族子弟读书的学宫。"古者八岁入小学","教之六书",又因文字是小学的必修课程,故后来又用"小学"这一名称指代"文字学"。汉代刘歆《七略·六艺略》中就列有"小学类"。班固的《汉书·艺文志》沿用这一名称,在"小学"之下,列文字学书目"十家四十五篇"。唐代颜师古所注《汉书》说:"小学,谓文字之学也。"此后,"小学"之名沿用至清代,直到近代章太炎等人才正式倡导"语言文字之学"这一名称。

专门的字书除《说文解字》《康熙字典》《声韵启蒙》等经典之外,到了近现代,更有王力、吕叔湘、张志公、朱德熙等前辈,为普及语言文字知识做了许多扎实且卓有成效的工作。其中成就最大的当数吕叔湘先生,他的《语文常谈》就是一本深受广大读者欢迎的语文著作。

汉语与汉字是一个有机整体

语言是面对面的交流,行之不远,不能传至异地,更不能流于异时。文字发明后,它记录了语言,语言才得以传到了异地,流到了异时,直至今天。自从1899年发现甲骨文以后,诞生了汉字文化学,它将汉字作为研究对象,主要以汉字的形体结构为依据。汉字记录了汉语,中国先民们的思想文化在每一个汉字里保留着。可以说,每一个汉字的背后都有故事,甚或是一部文化史。

汉字是汉语的记录符号,但汉字有相当独立的符号系统,其文化内容不等于汉语的文化内涵。汉字的发展演变除在一些方面受到汉语的推动外,还有不受汉语支配的自身发展规律。

汉字文化学告诉我们,汉字字符及其系统作为民族文化的载体,负载着文化的信息。汉字又可视为一个文化项,它与其他文化项必然发生方方面面的关系,汉语在其中起着媒介、调和与表达的重要作用。可见,汉字不等于汉语,但二者又是不可分割的有机整体,正如常说的"语文"或"语言文字",就是一个整体概念。

汉字的特殊优势

作为思想交流的工具,汉字是独一无二的。比较现今国际上通行的汉语、英语、西班牙语、语法、俄语等几种语言,其中汉语使用的人数最多,英语涵盖的地域最广。

历史证明,汉字彰显出的一条基本属性就是促进人类社会的统一。这一点其实很直观。欧洲的面积与中国差不多,然而欧洲的国家比中国的省份还要多。这些国家的语言文字不同,国界表明着语言文字的障碍。中国则不然,虽然不同地区说着彼此难以听懂的方言,但不管东西南北哪个角落,大部分人都认识汉字,方言的隔阂便可一一化解。其间的道理很简单,欧洲是拼音文字,字随音转,而汉字则相反,它是象形、表意文字,有音随字转的优势。语音稍纵即逝,极易流变成方言。方言的不同造成文字的差异,日久便成为难以跨越的语言文字障碍。这是拼音文字造成地域分割的大弊。汉字不然,字音随形,尽管方言变异,只需识字,其义万变不离其宗。这样,天南地北的中国人仍然可以交流。记得有位外国作家针对中国汉字就曾这样说:

> 如果没有方块汉字,这块土地上的人只能是湖南人、广东人、四川人、江苏人……有了方块汉字,才都成为中国人。

此说很有道理,不妨具体举例来说:钱、潜、浅、前、黔、乾、钳、遣……这些同音字,如果光凭读音,即使发音标准也难以辨别清楚,当看到书面的字形或组成的词语,如金钱、潜力、肤浅、前进、黔驴、乾坤、铁钳、派遣等,便一目了然了。这就是汉字与众不同的优势。所以说,汉字有很强的凝聚力,它把语音各异的人们都统一在一起了。也许是因为汉字记载和保存了几千年宝贵的中华文化,谁也不愿意失掉它、离开它、淡忘它,汉字的可贵之处也就在这里。

著名学者黎鸣先生曾撰文断言："可以设想，如果中国没有汉字，使用的也是拼音文字，恐怕中国早已不是今天统一的面目，而是民族林立，国家林立。北京人到上海、厦门、广州，便是真正到了外国。"他又说，"同样可以设想，如果中国的东部不是大海，北部不是高寒地带，西部和南部不是浩瀚的沙漠和被称为'世界屋脊'的高原，历史上和今天的中国——汉字之国，一定还会更大更辽阔。"笔者甚是赞赏黎鸣先生的精辟之见。

汉字撰写出的大量古籍，更明确地表述着"大一统"的民族凝聚观念。例如，《尚书·禹贡》记载了大禹治水的故事，大禹走过了非常多的地方，包括黄河、长江流域，他把自己走过的地方划分成九块，也就是九州（冀州、兖州、青州、徐州、荆州、扬州、豫州、梁州、雍州）。九州一直是华夏大地的代名词。《禹贡》是我国第一篇讲政区地理的大文章。司马迁将它基本录入《史记·夏本纪》里了。这《五帝本纪》与《夏本纪》是《史记》的开头两篇，明确表达了两个信念：《五帝本纪》讲我们是血缘共同体，我们有同一个祖先；《夏本纪》讲我们生活的这片土地，是在同一个中央政府的治理之下。由此形成的"大一统"理念，源远流长，而汉字的记录功莫大焉。

汉字同音的视觉分化

语言是一连串的音流，文字是表示语言的符号，而每一个汉字正好记录了汉语中的一个音节，完全匹配。词义和词素义两者可统称为语素义。因此，汉字是表达语素的音节文字。

一、"同音异义字"难题的解决

汉字具有"语素义"音节文字的特点,正是这一特点,解决了汉语中大量同音异义词的难题。然而,其他国家的拼音文字对此都无能为力。

汉字的奥妙在于,它在记录语音的时候并无特定性,而它所记录的语素的意义却具有特定性。譬如"吃"字,它记录了汉语 chī 这个音节,然而记录同一音节的字还有哧、蚩、痴等。不过表示"进食"的 chī,只有"吃"具有这一词义的功能,其他的同音字则用以表示另外的语素义,互不相扰,从而在视觉上分化了同音的混淆。

二、汉字"视觉"超越方言隔阂

汉字因为记音不具有特定性,故有着超越方言的能力,尽管不同方言地区的人发音各异,但对字义的理解还是基本相同的。这样,使用不同方言的人们照样可以交流沟通。同样,汉字还在一定程度上有融通古今的功能。孔子生活在 2000 多年前的春秋时代,《论语》记载了他的许多谈话,当年他说"温故而知新"时用的是古音方言,今人也许听不懂,但我们只要有一些古汉语的知识,一看就能理解其语义了。

当今,人们在交际往来中,也常常会遇到同音混淆的障碍。譬如初次见面,互通姓名时,如果说姓 zhāng,往往需要补充说"立早章"或"弓长张(也有说'弯弓张'的)"。如果说姓 yú,也要补说"干钩于"或是"人禾余"。这样的情景,就是利用汉字的功能特点来弥补语言混淆之不足了。

第二节　传统文化的汉字恩泽

我们说中华文化，一般是指传统的中国文化，有其特殊的历史。"中华""华夏"是与"中国"相关的两个名字。"中"的意思是居四方之中；"华"的意思，《说文解字》解释为"中国之人"。古代汉族人建国于黄河中下游地区，自称"华夏"是因为认识的限制，认为自己居住的地区位于天下之中央，更是物产最富庶、文化最发达的地方，故称"中华"。此乃公元前30世纪黄帝被拥戴为部落领袖之时。从公元前21世纪起，经过夏、商、西周，各民族部落长期相处、相互融合，直到公元前221年秦始皇统一中国，终于形成以华夏族为主体的、统一的、多民族的中央集权制国家。汉代以后，华夏族逐渐改称汉族，在这个统一的多民族国家内，汉族与少数民族一家亲，统称中华民族。中华文化就是表征中华民族的文化。中华文化与世界其他民族文化存在明显的区别。

其一，拥有独到的汉字。汉字是世界上最古老而唯一至今还在通行，并且有数以亿计的人们在使用的文字。我国有的少数民族虽有自己的文字，但他们在文化交流中早就善用汉字。例如新疆尼雅遗址中发现的汉简，其中有作为秦汉时期社会各界少儿识字课本的《仓颉篇》，这充分说明，两汉时期，西域大地已推行全国通用的汉语小学语文教材，并把汉字作为官方沟通的主要文字，有效地保障了政令的畅通。汉字使用者的一些思维和表达习惯，是使用其他文字的人所没有的。

其二,从"家庭""家族"放大至"家国"所构成的社会形态,以及由此发展出来的儒家伦理、国家制度和意识形态,是中国独有的。尽管周边也有一些国家曾经接受过这样的制度与文化,但不像我们中国这样强烈。

其三,素有一套以"阴阳""五行"为基础的精神传统。这个传统衍生出来的观念、信仰和技术,又渗透到各个领域,这是世界其他文化圈所没有的。

其四,存在儒、释、道"三教合一"的文化现象。在中国,不同的宗教能够共同相处、相互融通。孔子、老子和佛陀可以坐在一起,信仰可以彼此尊重。

我们完全可以认为,中华文化是中华民族团结统一的根基与灵魂。民族精神、民族传统、民族观念、民族特色,以至整个中华民族的凝聚力、生命力、创造力,都是由文化来维系的。这在当今建设小康社会、实现中华民族伟大复兴的历史进程中,在建设和发展社会主义先进文化过程中,具有全局性、战略性的意义。

汉字造就经典的丰功

汉字不受方言影响,不仅能做到纵向上的文明传承,更能做到横向上的文化传播。识文断字自古就被认为是人生一大快事,或者说是人生一大享受。品读先贤,自有一番厚重的历史意蕴:读司马迁通古今之变的《史记》,叹项羽不敢过江东的悲壮,感谭嗣同坦然赴黄泉的长笑,赞宋应星《天工开物》的深邃智慧……字里行间流淌的世事人情,能洗净人们染尘的心灵。在这样纯净如水的心境里,能真正领悟生命,领悟人生的真谛。汉字粒粒如沙,慢慢积累起来就是一座根基坚实的中华历史文明大厦。中华民族在这座大厦里繁衍生息,千古传承,发扬光大。这是文字造就的经典功劳,是汉字建树的丰功伟绩,是汉字蕴含的伟大力量。

所谓经典,不只因其自身具有长久的阅读和研究价值,可作为同类书籍的标准和典范,还往往代表一个时代的精神价值与文化取向。记得北京大学陈平原教授曾写过一篇题为《经典是怎样形成的——周氏兄弟等为胡适删诗考》的长文,其中有两段这样的话:

两千年前的经典,也会面临阴晴圆缺,但有朝一日完全被遗忘的可能性不大;反过来,二十年前的经典,则随时可能因时势迁移而遭淘汰出局。

……

一部作品之所以成为经典,除了自身的资质,还需要历史机遇,需要时间淘洗,需要阐释者的高瞻远瞩,更需要广大读者的积极参与。

陈教授关于经典的见解,无疑是正确的。

说到经典,我们首先想到的就是被奉为国宝的"十三经",它们是儒家的13部经典。唐文宗刻石经时有《易》《诗》《书》《周礼》《仪礼》《礼记》《左传》《公羊传》《穀梁传》《论语》《孝经》《尔雅》,世人合称为"十二经",到了宋代,又列入《孟子》一书,统称为"十三经"。历年来,又出现大量的对经书作注疏校释的著作,至今存有1万多种,其中最具代表性的是《十三经注疏》。

千百年来,中华文化经典浩如烟海。最能代表中华文化的典籍,大致罗列如下:

一、文学类

文学类经典代表作,有《诗经》《楚辞》《李太白诗集》《杜工部诗集》《白香山诗集》《韩昌黎文集》《水浒传》《红楼梦》《三国演义》《西游记》《聊斋志异》等等。

二、史学类

史学类经典代表作,有《尚书》《春秋》《左传》《史记》《资治通鉴》等等。

三、哲学思想类

哲学思想类经典代表作,有《论语》《孟子》《墨子》《老子》《孙子》《庄子》《荀子》《韩非子》《春秋繁露》等等。

四、科学文化类

科学文化类典籍代表作,有《黄帝内经》《梦溪笔谈》《王祯农书》《天工开物》《本草纲目》《徐霞客游记》等等。

列举关于中华文化的代表作,难免挂一漏万。这些不朽的经典,其实就是承载"国学"的经、史、子、集,它们体现了中华民族的智慧。从孔子、孟子等诸子百家到唐宋八大家,直至近现代的鲁迅、郭沫若,等等,这些难以计数的圣贤与先辈为中华文化做出了杰出贡献,在中国人的心目中树立了高耸的丰碑。

这些不朽的经典,更体现出汉字的强大功能和伟大力量!不妨设想,如果没有汉字,或者是其他形式的文字,中华文化若何?

汉字传承中华文化的伟绩

中华文化博大精深,其核心和基础,其实就是一个字——道。"道"是一个玄而又玄的存在,形而下者谓之器,即器物文化,术也;形而上者谓之道,即思想意识。中华文化的核心是道而不是器,可见道所涉及的内容,包含思想观念、精神追求、信仰崇拜等。

春秋战国时期以来,中国曾出现由儒家、道家、墨家、法家、名家、纵横家、阴阳家、杂家、农家、兵家等多家参与的"百家争鸣"局面,他们著书立说,自成流派。对此有学者生动地评点:儒家天真,道家率真,墨家认真,名家顶真,而法家只是儒家的同宗别派。他们的共同点都是务"真",造就了传统文化。

儒家主张"和为贵",对各家有包容性。后来封建统治者从统治的需要出发,独尊儒术。孔子恰好以身与"道"融合的方式开启了中国文化的发展方向。传统儒家在形上与形下两方面安顿了中国人的精神世界,它所经营的世界绝非单一的政治因果所能涵盖的。

传承和弘扬先进文化应从何入手?绝对不仅仅是琴棋书画、烹饪美食、中医武术之类的内容,最根本的东西是中华民族的价值观,以及与此相关的一系列思想与制度文明,即要有一种精神的凝聚、价值的确立,以为信念,氤氲化生。只有认真总结这些真正的"中华文化特征",为中华民族曾经兴盛过、今天正在中华民族伟大复兴的旗帜下奋进而自豪,才能凝聚国人的文化自信,理直气壮地探索中国人自己的前进道路。

文字典籍告诉世人,中华文化传统中的流派异彩纷呈。在历史上,特别是春秋战国时期,与西方古希腊哲人辈出的人文环境交相辉映。古老的东方呈现出一次光辉灿烂的文化大繁荣,并形成了中华民族思想史上第一个高峰。从千年文化传统自身特点出发,有作为"道"的文化大传统和作为"术"的文化小传统。如果说前者是指以儒家学说为核心的儒、释、道的文化体系,那么后者则为诸如中医、武术、气功、养生、烹饪乃至堪舆(风水地理)等技术体系。二者以其"差异中的同一"之性质,成为和谐的有机整体,别有情趣,并在整个人类文化中独树一帜。

但也不可否认,长期以来人们对中国传统文化的认知和践行存有误区,就是重视大传统而忽视小传统,视小传统为不入流的细枝末节或雕虫小技,甚至认为是封建迷信的东西。其实不然。当今中国文化走向世界的现实表明,外域民族开始接受乃至崇拜中华文化,往往是通过诸如中国烹饪、中国功夫(武术)、中医中药这些人们喜闻乐见的"术"的形式得以实现的。例如,中国餐馆就使外国人在大快朵颐之余,切实体味到中华文化独一无二的味道。

孔孟之道寄汉字于文化

孔孟之道是中华文化中诸子百家学说的典型代表,它所代表的儒家思想,居儒、法、道三家之首。儒学通过汉字渗透到历朝历代的文化典籍中,影响了数千年的中华文化,成为中华传统文化的灵魂。我们对传统文化的自信，与我们对历史上文化经典和文化名人的崇敬是不可分的。文化需要不断地创造，创造文化并做出卓越贡献的人，是我们最为景仰的文化名家；而文化的载体则是作品，尤其是传诵不衰的不朽名篇。翻开中国思想史、文学史等方面的各类书籍，无论是战国时的诸子百家、魏晋玄学、宋明理学，还是楚辞、汉赋、唐诗、宋词、元曲、明清小说，都有一连串光彩夺目的名篇巨著，供我们享用不尽。

孔孟之后的 2500 年来，对孔孟之道的研究从未中断，面世的书籍，可谓汗牛充栋了。不过，对孔孟之道的继承问题，曾在历史上存在过激烈的争辩。历代王朝都相继封孔孟为"圣人"，把孔孟之言奉为圭臬，理解的要照办，不理解的也要遵行，否则就是"非圣"，"非圣"就要杀头。魏晋时代的嵇康是音乐家、文学家，也是思想家，还是士林领袖，就因为一句"非汤武而薄周孔"，让人抓了辫子，丢了脑袋；明代的官员、文学家、思想家李卓吾（李贽）所著名作《焚书》，因为不赞成"以孔子之是非为是非"，被扣上"敢倡乱道，惑世诬民"的罪名，最后受迫害致死。然而也有例外，汉代的王充便是杰出的一位，单他《论衡》中的《问孔篇》《刺孟篇》等名篇，就别开新面。"伐孔子之说，何逆于理？"当然，王充所处的时代，孔孟之道还没有被神化得那么至高无上，所以他没有丢脑袋。

五四运动是伟大的爱国运动，使中国的民主运动进入新阶段，但也有缺陷，其中就包括对孔子的全盘否定，缺乏分析。当时提出"打倒孔家店"的口号，影响很大，然而仍有一批卫道者。像著名学者吴宓先生就是卫道者的代表,他经历了三个时代,又受过中西两种文明的洗礼,他曾强调自己的人生观是"殉道"。

吴宓所殉之道,就是传统文化,他对古代文化的坚守,出发点当然是民族独立和自强。抗日战争爆发之时,吴宓先生觉得,只要中华文化存在,中国就绝不会灭亡。基于自己对中西文化的了解,他主张昌明国粹,融化新知,强调传统与现代之间的继承性。1955年11月6日的吴宓日记这样写道:

> 宓近数年之思想,终信吾中国之文化基本精神,即孔孟之儒教,实为政教之圭臬,万世之良药。

几十年来,世人对孔子评价不一。不过,"四人帮"的"批儒评法"是别有用心,不值得一说。

孔孟思想里也有必须抛弃的封建糟粕,但其许多方面确乎是文化之精华,优秀昌明,比如其伦理思想所要解决的问题和今天的需要是基本一致的。孔子倡导"孝悌",就是强调要孝敬父母、尊敬长辈,兄弟姐妹要团结,家庭和睦。因此,孔子十分重视人的道德教育,重视培养人的道德自觉,体现道德的社会功能,正如"老吾老以及人之老,幼吾幼以及人之幼",这些方面的思想都有着现实价值。我们今天主张法治与德治相结合,改善社会风气,崇尚敬老爱幼,倡导高尚严正的家风,厉行新的家教和家规,与孔孟的伦理思想一脉相承。

然而,孔孟伦理思想中也有应当批判的内容,儒家主张"亲亲互隐"和"窃负而逃",亲人犯罪互相包庇,势必造成家与国的冲突,这应是伦理困境的根本问题。不过,对此儒家也有"大义灭亲"一说,这是儒家坚持正义的思想体现,是伦理思想的又一侧面,我们应该发扬。

孔子的思想对世界也有启迪。他的"己所不欲,勿施于人"的理念,经伏尔泰的推广,深刻地影响了西方的人权与伦理思想。法国1789年由制宪会议通过的《人权和公民权宣言》,是人类历史上第一部正式的人权宣言,其中就引用了孔子的这一理念。美国1776年通过的《独立宣言》第二条"人人获得天赋的若干规定而不可移的权利",杰弗逊解释说:"此段之精神得自孔子。"1946年,罗斯福总统的夫人领导联合国人权委员会在起草《世界人权宣言》的过程中,人权委员会副主席、中国代表张彭春先生把儒学原则和孔子智慧建言给了这一宣言,并被通过。1993年在美国芝加哥召开的世界宗教会议上,由孔汉斯先生起草的《世界伦理宣言》得到通过,其中又引入了孔子"己所不欲,勿施于人"的思想,使之成为全球伦理的基石。

孟子的学术思想是继承孔子而进一步发展的,其内核从现今治国施政原则的层面看,仍有一定的时代价值。习近平总书记曾就中华优秀文化的基本价值讲了六条,头一条讲的是重"仁爱",第二条讲的是重"民本"。这两条都跟孟子的思想学说有直接关系。孟子继承孔子思想,同样讲仁爱。孔子最先重视"仁",把仁爱提到最重要的地位,他特别强调"仁"作为个人的道德修养的重要性。而孟子讲仁爱,不是把重点放在个人道德修身上,而是把它扩大到整个社会,把"仁"的理念贯彻到政治中去,变成治国理政的一个根本法则,就是要施仁政。从仁爱的观点出发,孟子阐发孔子的"王道"思想,第一个就是以德服人。今天,我们重视"人心向背"的问题,说"得民心者得天下,失民心者失天下",亦即"得道多助,失道寡助"。从这个以人为本的角度,最先讲治国平天下道理的,也是孟子。以孔孟为代表的儒家,与法家是相对立的。法家是现实政治的胜利者,而儒家则是理想社会的宣扬者。其后统治中国2000多年的封建王朝,大多儒法并用。

我们需要文化自信

近些年来,学术界有人积极倡导学一些传统文化,弘扬传统文化,甚至提出重建"道统"的学说。但也有人担心学习传统文化,会将当今社会主义思想文化置于不恰当的位置。

传统文化都是经过历史洗礼的经典,"道统"其实离不开先秦各家各派对"道"的共同探究和体认。儒家则最为重视它在社会的展现与落实,更多地与具体的历史文化实践活动相结合,进而活化为颇有典范意义的人格形态。从孔子开始,"道统"就逐渐与"政统"分离,并转而与"学统"合流,"学统"也因与"道统"的结合而规范了自己的发展方向。中国的灿烂文明之所以绵延不衰,"道统"在其中发挥的作用不可低估。没有哪个民族能完全抛弃自己的文化传统,因为文化融于血脉之中,是民族的灵魂。

习近平总书记曾强调:"全党要坚定道路自信、理论自信、制度自信、文化自信。"他把"文化自信"与前三个"自信"并提,是一项深谋远虑之举,具有十分重要的指导意义。文化自信,是将中国传统文化、红色文化和社会主义先进文化等都包括在内的自信。中国在历史的长河中,经历过高度的文化自信阶段,也有过短期的文化自卑阶段,当代强调文化自信无疑有着重建的意义。中国封建社会经历了从先秦到唐代、明代中期的高度发达,表现在文化上,走的是阳刚、朝气蓬勃的路线,随后逐渐落后于西方,中国封建社会走向没落直至解体。中华人民共和国成立后,中国再度崛起。今天讲文化自信,当然不是往回走,而是向前进。文化自信是不能断流的,它当然包括对中国革命斗争中创造的红色文化的自信。红色文化是和我们的实际生活、实际斗争紧紧结合在一起的。在社会主义条件下,社会主义先进文化是建立在优秀传统文化的基础之上的。所以说文化自信,就是对中华优秀传统文化内涵中的中国精神、中国智慧和中国理念的自信,也是红色文化中的革命精神和理想信念的自信。

从根本上说,文化自信是一切自信的源泉和根基,更广泛,更深厚。对中华文化的自信,尤其有助于增强对中国道路的自觉与自信。

中国道路是从哪里走过来的?由远及近地说,中国道路经历了5000多年的文明传承、近代以来的发展历程、新中国成立以来的不断探索、改革开放以来的伟大实践;中国道路是中华民族在独特的文化传统、独特的历史命运、独特的基本国情基础上,经过长期奋斗和探索所做出的选择。在历史的进程中,中国文化不断更新,显示了强大的生命力,这样的文化,当然值得我们自信。我们认清了这一点,便能体会中国道路既是政治选择,也是文化选择。就是说,中国道路既是民族命运的体现,也是中华民族的文化体现。我们的道路自信、理论自信、制度自信,由此便有了文化依据。

中华文化之所以绵延不绝,是因为中华民族善于向其他民族、其他文明学习,能够不断吸收其他民族、其他文明的长处,这是文化自信的另一个重要表现。历朝历代,文化血脉不变,这是中华文化非常了不起的生命力。中国传统文化是以儒家学说为主体的文化,主要是伦理之学、道德之学、成人之学,无论是治国理政,还是为君为民,都有相应的道德规范,至今仍然是我们重建道德和价值观的重要思想资源。我们应该充分发扬传统文化的精华,但也要认识到儒家文化的短板,就是说,在强调文化自信的同时,也要强调文化自觉。文化自觉是一种对文化的哲学反思,不建立在哲学反思基础上的文化自信,往往会陷入盲目自大。文化也是一种生产力,它需要解放与发展,而且是完全可以解放与发展的。为适应时代发展的需要,必须准确认识我们存在的问题,对传统文化取其精华,去其糟粕。凡具有民族性、科学性、人民性因素的,都属于精华,而一切封建的、迷信的、落后的东西都是糟粕,必须在选优中继承和发扬先进文化,从而呼唤文化创新。我们坚持改革开放,倡导对外文化交流,其前提还要强调中华文化的自信,这是国家的软实力。

第三节 汉字向新时代走来

汉字多彩多姿,字重义长。它正向新时代一路走来,同样完全适应着现代化、全球化的发展,并已解决了电脑输入问题。汉字信息化,并非自今日始,早在中国活字印刷术发明以后,就已显现出它的这一优势。汉字的雕版印刷因运用了复制功能而比手抄要快,但效率与使用率仍有待提高。待到方块"活字"发明成功,不论是泥活字、木活字,还是铅活字,都可用以拼版再印刷,反复使用,重新排版的效率就大不一样了,从而使汉字信息的交流与传播,犹如插上了翅膀。如今又有了电脑照排的新技术,未来的印刷将在3D打印技术的基础上大展宏图。

活字印刷术面临的信息挑战

宋仁宗庆历年间,平民毕昇发明活字印刷技术,以胶泥为材料,制成一个个活字,成为中国推动世界文明进程的四大发明之一。元成宗大德二年(1298年),王祯采用木活字印刷《旌德县志》成功,是历史上最早应用木活字印刷术的记载。19世纪初期,浙江温州瑞安东源村王氏家族中的许多人都以木活字印刷宗谱为业,其中王宝书创作"凤列盘冈体貌鲜"七言检字律诗,流传至今,是中国印刷史上检字口诀的一项孤例。2010年11月15日,联合国教科文组织第五次会议审议通过,以"中国活字印刷术"为名申报的瑞安木活字印刷术,被列入2010年《急需保护的非物质文化遗产名录》，表明了中国古代活字印刷术的历史贡献受到世界尊重。

时至 21 世纪，人类已跨入全球信息化时代，信息技术高速发展，已成为最具潜能的生产力。掌握和运用信息技术，提高驾驭信息的能力，并将它应用到日常生产、生活各个方面，是现代社会、现代人的当务之急。因此，汉字面临着新的变革。早在 1840 年鸦片战争以后，当中华文明与西方文明发生全面的碰撞时，汉字就一直面临与世界交往和现代科技不相适应的压力。在这种压力、挑战下，汉字开始了自诞生以来最为深刻的一次变革。自 1946 年世界上第一台数字电子计算机问世之后，尤其是随着电子计算机的飞速普及，计算机通信网络已成为今日社会结构的一个基本组成部分。人们把电子计算机称为"电脑"，其挑战性就可想而知了。

汉字在电子计算机面前，会出现什么样的命运呢？具体而言，汉字能不能用于计算机的问题，我国知识界在 21 世纪还未到来的时候就关注了。只有处理好语言文字的计算机应用，我们才能走向信息化时代。

谁说汉字进不了电脑

汉字的计算机应用是早就已经解决的课题。按照方块汉字的特点，输入法大体可分为三大类：一是用拼音字母、数字或符号将汉字编为代码的间接输入法，通常称为"汉字编码输入法"；二是采用字根字元从键盘拼形输入或整字从键盘上直接输入，通常称为"汉字键盘输入法";三是采用语言识别和文字识别手段的高级输入,通常称为"自然语言输入法"。目前最常用的是前两类方法。所谓汉字编码输入法,就是根据汉字的某种规律和特性而编制的汉字代码,也就是把汉字转换成代码,每个汉字对应一个符号串或数字串。而汉字的计算机输出,带有更高的技术性。为此,有必要建立汉字库(又称"汉字发生器"),将汉字的字形信息存储在计算机中,供输出时使用。其中,还要解决显示、打印等多种问题。依靠电子计算机的高性能,依靠信息专家和语言文字学家的努力,也由于汉字本身具有的巨大适应性,汉字已经顺畅地出入于计算机了。

我国的汉字输入方案很多,大体可分为四类:一是顺序码,如区位码、电报码;二是音码,如拼音码、声数码、自然码等;三是形码,如简繁五笔字形码、大众码等;四是音形码,如拆声三码、双拼码、阴阳码等。汉字输入曾经万"码"奔腾的现象,终于"万法归一"而统一取其优势。这就是说,朝着不同类型方案的兼容方向发展,旨在更精准、更简便。

随着汉字信息技术向智能化的人机对话发展,又有语音输入和手书输入,这就更加人性化了。

汉字是由笔画构建成的一种"方块",究竟是怎样把这些"方块"搬进电脑的呢?其中的关键技术除了归功于汉语拼音,还有就是汉字"部件拆分"。清代文化人王筠在《文字蒙求》的自序中说:"人之不识字也,病于不能分,苟能分一字为数字,则点画必不可以增减,且易记而难忘矣。"足见古人早已认识到汉字拆分的意义。

一、汉字可拆分的"部件"概念

20 世纪 50 年代以后，人们在分析现代汉字形体时发现，整字和笔画之间存在着一些很重要的中介部分，也就是笔画成块的结构。1961 年，杜定友先生称之为"字根"；到 1966 年，倪海曙先生又称之为"部件"；随后，周一农、朱一之、张天光、翟万林、黄伯荣诸先生，又陆续提出"字素""构件""字元"等概念。这些名称先后进入学界，随着研究的深入，1996 年，费锦昌先生便在倪海曙、苏培成的"部件"定义基础上，总结归纳：

> "部件"也叫字根、字元、字素，是由笔画组成的构字单位。它大于或等于笔画，小于或等于整字。

这样对异名别称的归纳，得到学界公认，确定"部件"的性质为构字单位，并将它分为三大类别，即笔画类、整字类、大于笔画小于整字类，从而彰显出"部件"概念的典型性。

二、"部件"的拆分规则及其可操作性

20 世纪 70 年代中叶，《文字改革》杂志对汉字偏旁部件名称讨论的核心问题做出规定，诸如部件位置居于该字之上的，便对该部件的位置解作"××头"，在下为"××底"……最终提炼为十六字诀：

> 上"头"下"底"，左"旁"右"边"，内"心"外"框"，中"腰"

四"角"。

这十六字诀,至今仍为部件位置解读的重要理论支撑、操作依据。研究表明,汉字部件不仅是可以拆分的,而且具有相应的规则,其中主要有这样的规定:首先根据字形,其次依据字理,按等切分,先优后劣。

三、汉字部件规范的国家标准

20世纪80年代以来,计算机汉字处理、汉字教学和汉字形体研究方面,都呼唤汉字部件的规范化。因此,从1997年国家语言文字工作委员会发布《信息处理用GB13000.1字符集汉字部件规范》,到2009年《现代常用字部件及部件名称规范》出台,基本上解决了汉字输入、汉字教学和汉字研究的难题,大大推动了语言标准化的进程。

汉语向现代转型

汉语如何发展,这是个重大课题。汉语有着几千年的文化传统,经历了多次转型与变革。譬如"男女授受不亲"(见《孟子·离娄上》)之类的落后语词,随着封建意识一起在现代革命中就被洗涤了,代之有了"男女平等""妇女半边天"之类的新词语。这里说"汉语"转型,其实涉及的则是相关的汉字,因为两者是有机的整体。

一、《百岁忆往》说转型往事

文字学大家周有光的《百岁忆往》,是老先生口述的回忆录,并经张建安整理成书。书中就说到"语文现代化"的转型往事：

　　元任先生在学术上是了不起的。赵元任在美国教书，我的夫人上过他的课。我常常拜访他，请教他问题。

　　中国语文现代化，是他开头的。

　　回国后，20世纪50年代，我们要设计拼音方案。事实上，在此之前，已经有过两代人的努力。早在中华民国成立第二年，当时的北洋政府就开始制订注音字母方案。是黎锦熙先生他们搞的，这是中国语文往前走的很重要的一步。赵元任制订国语罗马字，不用中国汉字式的符号，而是用国际通用的字母。赵元任的方案，从学术角度讲是很好的，可是推广上发生了困难。赵元任的思想对我影响很大，我们设计拼音方案时主要参考了他的学术成果。

　　周老在《百岁忆往》这部书里，还说到在"五七"干校，与教育部前副部长林汉达一起看守高粱地时，躺下聊天，聊的也是"语文大众化"的转型问题。

　　汉语向现代转型总是与时俱进的。中华民族自立于世界民族之林，今天正面临汉语文化的振兴，其关键是推动汉语文化向新的现代高度转型。

　　二、《文化掂量》说转型的可能性

　　《文化掂量》一书，是著名作家王蒙先生关于文化的演讲录。他对"传统文化""文学与时代精神""文学与人生""文化自信"

"文化梦"等课题,进行了充满特色的思考。其中说到了汉语向现代转型的问题:

　　这里我要谈到一个观念,就是中国传统文化和世界先进文化的对接。这是可能的,中国文化从来不拒绝吸收外来的影响。

　　比如说北京,北京的语言吸收了满语、蒙古语、阿拉伯语、波斯语,很多人现在都不知道。北京有很多说法,管"犄角"叫"旮旯",这是满语。北京人喜欢吃的一种点心,叫萨其马。"萨其马"是蒙古语"狗奶"的意思,至于现在它是不是用狗奶来做是另外一个问题。北京话还吸收了大量的阿拉伯语。回民认为人死了变成罗汉,"罗汉"就是阿拉伯语"roh",与佛教的"罗汉"无干,就是精神、灵魂。芫荽,是一个怪词,这两个字没有别的讲法(是一种"香菜"),是专门造的字。一个"草"字头、一个"元"字;一个"草"字头、一个"妥"字,这两个字必须连在一块儿用。"芫荽"是阿拉伯语,是从西域来的。

　　最主要的是,中国文化有一种积极向上的进取精神,最古老的《易经》上,它就给你来了一个"天行健,君子以自强不息"。这个不得了的呀,这就是中国文化能够现代性衔接的阳光大道。《尚书》上讲"苟日新,又日新,日日新",中国还讲"穷则变,变则通,通则久"——这是"鼓吹"改革的呀,中国人的脑筋不死。

王蒙先生说的意思,表明汉语向现代转型是完全可能的。历史证明,北京话的多元性,就是不断吸收外来语而"转型"的结果。

三、"汉语现代转型"的理念

今天说汉语向现代转型,具体是什么意思呢?就是要让汉语与我国当前社会状况相适应。有专家认为:破除旧社会积淀在汉语的字、词、句子、文本中的等级观念、中心思想、家庭本位主义,以自由、民主、平等、公正、博爱、实证等理念为目标加以发扬。

《现代汉语词典》第 6 版修订时,为使其词语内容与时俱进,增加了单字 600 个,新增词语 3000 个,而第 7 版时又新增词语 478 个,但其原则并非见"新"就收。这一导向很值得赞许,它符合汉语现代转型的原则。

与此同时,汉语在不失独立性的前提下,也必须在国际文化交流中适度吸收其他民族的优秀语素。作家莫言在讲文化创新时说,我们不必担忧会丧失"文化的民族性、艺术的民族性",任何一个民族的文化都有巨大的消化能力。"在人类文化的交流中,没有哪个民族的艺术没受过外来影响,没有哪个民族的文化是纯粹的,要大胆地把别人的东西拿过来,学习它。一个民族的文化强大了,就有自信了。"这就是说,造就强大的汉语文化,是一种自立于民族之林的软实力,是当今时代发展的需要,是时代的呼唤。

四、汉语怎样向现代转型

汉语怎样向现代转型,这是一项系统工程。语言文字要与时俱进,就要有改革,语言文字现代化就是当代的语言文字改革。

基于语言文字的稳定性,才有语言文字的规范化。只有规范化的语言文字,才能保证语言交际准确、稳妥、有效地进行,才能促进精神文明建设。但语言文字规范化和语言文字现代化相辅相成,互相推动,缺一不可。没有语言文字现代化,只强调语言文字规范化,语言文字就有可能停滞不前;相反,只强调语言文字现代化,忽视语言文字规范化,就会使语言文字规范意识模糊。

语言文字现代化这项文化工程,光喊口号是不行的,关键的步骤是举国上下共同推动,就是要以批判、选择、整合的态度对待传统文化。在此过程中,汉语的字、词、文本都必须经历必要的革命,以消解积淀于其中的主奴关系、等级观念、家族本位意识,使它原本具有的众生平等、万物和谐共处、尊重自然的观念在现代文化语境中复兴,发扬光大。中华文化自古就有开放性的传统,我们要让汉语文化更稳健地走向世界。

汉字正走向世界

中国是汉字的故乡,也是汉字的基地。汉字在历史上一直是记录汉语的法定文字。汉字促进了中华民族的统一、融合和发展,也一直是中华民族同世界各国、各民族进行交流和传播中华文明的工具。古代中国人以自我为中心想象世界,传统文化奉行"和为贵"的天下观,在观念上主张"和"与"同"。这直接影响着现代中国人对于世界的观念,即主张"和平共处",共建"和谐"的国际社会,或曰"构建人类命运共同体"。

一、由来已久的汉字"东方文化圈"

汉字传播到其他民族和国家,成为书写各种非汉语的"汉字型文字"。据著名文字学家周有光先生所撰《广义汉字学》介绍,汉语汉字和非汉语汉字,据现有资料已有 20 种,可能还有未发现的。把所有的汉字型文字作为一个整体来研究,可称为"广义汉字学"。汉字型文字在 2000 年来经历了四个发展阶段:移植、归化、仿造、创造。在国内少数民族中,有贵州等六省区苗族的苗字,广西等五省区瑶族的瑶字,黔南布依族的布依字,黔东南侗族的侗字,云南白族的白字,云南哈尼族的哈尼字,贵州水族的水字,还有历史上辽国的契丹大字、金国的女真字,西夏政权的西夏字。

汉语和汉字在汉朝初年即向东传播到朝鲜半岛和日本。越南称汉语汉字为"儒字",称仿造的本土汉字为"喃字"。

汉字创造了在东方遥遥领先的古代文化,记载了先进的文明成果。其他相对后进的民族、国家和地区,通过学用汉字使自己开化进步,进而创造出自己的文化,这样自然地形成了汉字文化圈,也称"东方文化圈"。回顾历史,到 1840 年鸦片战争爆发前,汉字在亚洲地区就已形成一个面积空前广袤的文化版图。

台湾是中国领土的一部分。台湾自 1949 年以来,一直在使用传统汉字,但在行书中也有不少简化字。香港和澳门已回归祖国 20 余年,这两个特别行政区的华人,除分别使用英文和葡文外,主要使用汉语和汉字。1984 年香港有人提出汉字"繁简由之"的倡导,适应了正在变化的形势需要。

二、世界文化的"中国热"

我们清楚地看到,因为中国的发展日新月异,今日之汉语、汉字早已走出了东方文化圈。例如,英国政府为提高本国的数学成绩,已决定引进中国数学课本,然而英国的家长并不满足,他们还希望自己的孩子直接学好中文,王室家庭带头将乔治王子送去学说汉语普通话。所以,中文教师在英国很吃香。"中文热"何止在英国,美国前总统特朗普的孙女阿拉贝拉使用汉语演唱歌曲、背诵《三字经》和古诗的视频刷屏,阿拉贝拉也顺势成了"网红"。亚马逊创始人杰夫·贝佐斯有四个子女,他在一次采访中提到让孩子们学习中文课程,等等。实际上,不仅各国政要、社会名流学中文,很多国家的普通人也热衷于学中文,许多中文培训班不断涌现。很多国家都设立了孔子学院,专门学习汉字和汉语知识;更有大批留学生到中国来专学汉语和博大精深的中华文化。2016 年 9 月 8 日,安徽大学国际教育学院数十名不同肤色、不同发色的外国学生,身着汉服,恭敬地向孔子先贤像行揖礼,亲身体验传统而庄重的拜师礼仪。这批留学生分别来自乌克兰、俄罗斯、西班牙等不同国家的孔子学院。

当今,汉语已是联合国六种工作语言中的一种,在国际上的影响越来越大。我国许多有识之士,践行国家倡导的"中国文化走出去"战略,为中华文化经典走向世界尽心尽力。例如汉英对照版《红楼梦》《水浒传》《西游记》《三国演义》的推出,在国际上重现了中国古典名著的神韵,必将进一步促进汉语文化的传播与推广。

后　记

汉语与汉字,是中华民族共同的语言文字,是抚育我们的传统文化之树,它盘根错节,枝叶蔓生,苍劲古老。如何使它抽出新芽,绽开新花,结出新果,这是时代赋予我们文化人的历史使命。笔者凭着区区微忱和绵薄之力,在这棵千年古树下,追根探源,寻珍觅宝,写成这部小书。应该说,为增进认知,只能是在树下浇浇水、理理叶,至于施肥疏根,乃至嫁接授粉,尚有待高明。不过事实证明,那里是一个文化宝藏,没有让我们空手而归。

著名短篇小说家汪曾祺,是诺贝尔文学奖获得者莫言先生的老师。据莫言介绍,他第一次听汪先生授课,汪上来就在黑板上写出"卑之无甚高论"6个大字。这不仅仅是汪先生谦虚之词,其实还有深一层的意思:讲实际问题,不发空论。笔者深受这6个字的启迪,便借来作为说话和作文的座右铭。撰写这部书就本着这样一种思路:实事求是。拙作的初衷,是要向读者宣介传统的中华字文化,给外国朋友讲中国故事,达到普及推广中华字文化的目的。既然是写传统文化,势必涉及历史与现代,其中遇到一个棘手的问题就是如何看待历史人物和历史事件。无疑,是要用辩证的方法、唯物的观点看待历史,不回避客观存在,在传承上把握主旋律。"传"应该是全面的,不能割断历史,即使是丑恶的东西也不妨让后代知晓，因为它是反面教材；"承"则是有选择的，就是要弘扬先进文化，特别是要学习那些为国家富强、民族兴旺而上下求索、百折不挠的英雄伟人的精神。

本书的写作角度是"品鉴"。具体而言，就是笔者与读者共同在品评、鉴赏人文故事中增进对字文化的认知。笔者在过去几十年里，写过一些散文和科普作品，为了通俗有趣，曾力求以文学笔墨去写科普。如今写这部书，是在语言文字的天地里操练，谈何容易？鉴于同样的愿望，也想让文字有可读性，力避生涩的定义，于是习惯性地以老手法写了，寻求形象生动，为的是尽可能地让读者多一些趣味。笔者尽管从不同的角度和层面，讲了一些有代表性的历史事件和人文故事，以表达对祖国字文化的认知，但肯定还是不及万一，不过沧海之一粟。但愿读者能由此及彼，顺此深入。正因为有此期盼，面对着神圣的字文化传统，笔者始终存在敬畏之心，几易其稿，唯恐因挂一漏万而难以如愿。书稿即将付梓，如释重负，但又感到些许紧张而忐忑不安。究竟怎么样？读者是客观公正的，笔者听凭他们评判。按西方传说，天鹅在生命终结的时刻，总会发出动听的哀鸣，人们遂将文人的最后作品喻为"天鹅之歌"。巧合的是，本书是笔者在耄耋之年于合肥天鹅湖畔完成的，那也就算作是"天鹅之歌"吧！

本书编写中，曾拜读了有关学者的大作，参阅了许多经典作品与文献，或吸收其观点，或引用其资料，特此敬谢。由于有的线索不明确，未能一一注明，在此一并表示谢忱与歉意。这部书的出版，首先要感谢安徽文艺出版社的领导与编辑同志们，感谢他们的热诚支持与具体帮助,使这部书不致"披头散发"地与读者见面,而是有模有样地出来了,这是出版社大力敦促修饰装扮的功劳。

最后,还不能不感谢我的老伴吴隆珣老师,她在中学从教一生,深刻理解"写点东西留人间"的古训道理,因此出了不少好主意。她更是多揽家务,多方照料,让老夫有可能挤出时间为此书坚持笔耕不辍。

九十有一老人述庆
2024 年 1 月于合肥天鹅湖畔